OHSAMA BUNKO

心屋仁之助の
あなたは「このため」に生まれてきた!

心屋仁之助

三笠書房

はじめに――目から〝うろこ〟が落ちて人生がもっと楽しくなる本

こんにちは。性格リフォームカウンセラーの心屋仁之助です。

「性格を変える」「自分を好きになる」サポートをしています。

僕は「Be《ビー》トレ」という、自分の「あり方 -Being-」を高め続ける会員制の勉強会を京都・東京で定期的に開いています。

このBeトレで〝心屋式心理学〟に接すると、「今まで信じていたこと」がひっくり返って、目からうろこ（古い価値観）がボロボロと落ちていき、人生が楽になります。楽しくなります。

この本はこれまでの「Beトレ」で、お話ししてきた中から、特に**「なりたい自分になる」**というテーマでまとめたものです。

Ｂｅトレには、「問題」や「悩み」を抱えた人もたくさん参加しています。「迷路から抜け出せない」「何をやっても、うまくいかない」「どうせ、私なんて……」という考え方が習慣になってしまっている……。

でも、大丈夫です。誰でも、「心の持ち方」を変えれば、そんな自分から抜け出して、必ず「なりたい自分」になれるのです。

自分を好きになれない人というのは、**「起きたまま、ずっと悪夢を見ている」**ような状態です。

自分は嫌われている、愛されていない——そんな悪い夢の中で、ずっとうなされているだけなのです。

「私、嫌われている。私、下手クソ。私、うまくいかない。私、笑われる、悪口言われる、避けられる、怒られる、見捨てられる……」

そんな寝言を言い続けてうなされている人に、僕はテレビでも、本でも、セミナーでも、ひたすら、

「起きてー‼」

と言って、揺すっているだけなのです。

「それは悪夢なんだよ。愛されているよ、怖くないよ、大丈夫だよ」

「起きろー‼　寝ぼけて見えてないだけだ。全部夢だよ」

と日々伝えているわけです。

夢だという「証拠」を見てもらって、悪夢から目覚めてもらう。それだけなんです。

その悪夢から目覚めるだけで、そこには、

「自分は、自分が思っていたようなダメなやつじゃなかったんだ」

「頑張らなくても、こんなに愛されていたんだ」

「なりたい自分になってもいいんだ」

「そうか、自分はこのために生まれてきたんだ」

という、うれしい世界が広がっているのです。

そして、いつか完全に悪夢から目覚めて、今度は幸せな夢を見ることができたら、ますます幸せでいられます。

そうなると、見る夢が変わります。「ああ⁉ 今、起こさないでよ～！」と言いたくなるくらい、幸せな夢をずっと見ることができればいいと思います。

この本では、自分の生まれてきた意味を知り、「なりたい自分」になるための方法を書いていきたいと思います。

この本があなたのお役に立つことを、心から祈っています。

心屋 仁之助

もくじ

Lesson 1

「どうせ、うまくいく」から安心しよう
――心配ごとの9割は「カン違い」だった!

Lesson 2

思い切って「やってみる」と人生が変わる
――〝欲しい未来〟を手にする「許可」を出す

Lesson 3

「やりたいこと」は、もう我慢しない

――もっと〝心のまま〟に生きてみる

Lesson 4

一人で勝手に「あきらめない」
──自分の仕掛けたワナから抜け出す

Lesson 5

「そうか、このために生まれてきたのか！」
——自分の「使命・天命・天職」を見つけるために

Lesson 6

迷ったら、どっちを選ぶ？

――あえて「苦難」にチャレンジしてみる

Lesson 7

「これからの自分」の話をしよう

――過去も未来も「今」この瞬間から変えられる

書 心屋仁之助

イラストレーション 江村信一

Lesson 1

「どうせ、うまくいく」から安心しよう

──心配ごとの9割は「カン違い」だった!

1

「自分を疑ってみる」と〝衝撃の事実〟に出会う!?

「自分のことは、自分が一番知っている」とよく言います。

しかし残念ながら、**「自分のことは、自分が一番知らない」**のです。

つまり、自分が思っている「私って、こういう人間」という姿は、誤解、ウソ、カン違いからできあがっている「幻」です。

この自分に対する〝誤解〟とは、自分の住んでいる町のごく一部だけを指して、「これが地球だ」と言っているようなもの。

そして、テレビに映るいろんな町や国を見ながら「あれは地球じゃないね」と言っているようなものなのです。

これに気づき始めたら、つまり、今までの自分を疑ってみたら、人生が大きく変わり始めます。

僕は長い間、というかずっと、
「自分は、そこそこの人間だ」
「自分は、大したことのない人間だ」
と思っていました。でも、それを「疑ってみた」ことで、人生がガラリと変わり始めたのです。

〝自分で自分のことを疑う〟とは、つまり、「本当の自分は、こんなもんじゃないかも」「もっと、すごいんじゃないか」と思ってみるということです。するとそれだけで「そうだよ、あなたはすごいんだよ」という「証拠」が現われ始めます。現実が変化し始めるのです。

そして不思議なことに、まわりの人の自分に対する言動、評価が変わるのです。

そうしたら、「やっぱり、自分は自分のことを間違って低く認識していたんだ」「自分のことを、もっと評価してもいいんだ」とまた気づけるから、心に自信が芽生え、セルフイメージが入れ替わり始めて、まわりの人の言動の変化が加速します。

人間関係と人生までが、つられてダイナミックに好転していきます。それはあまりに面白いほどなので、あなたにもぜひ体験してほしいと思います。

その〝妄想力〟が心を疲れさせる

なぜ、僕らは自分のことをカン違いしてしまうのかというと、そもそも「これが正しい」と思っている〝知識〟がすでに間違っていることがあげられます。

たとえば「長生きしたいなら、この食べ物がいい」「腰痛には、これが効く」など、いろいろな知識が飛び交ってはブームになりますが、「結局、間違いでした」なんてことは結構あります。

歴史だって、鎌倉幕府が開かれたのは一一九二年じゃないみたいだし、日本史のスーパースター聖徳太子は実在そのものが疑われて、「想像上の人物だった」という説もあるとか。人類はアポロ十一号で月面着陸した、というのもアメリカの捏造《ねつぞう》ではないかと噂されるほど。

もう一つ身近なところでは、「お金は使うと減る。だから、使わないでしっかり貯めないと」という知識。でも、お金持ちは「お金は使うと減る」とは思っていません。「お金を使えば、めぐりめぐって自分のところに返ってくる」と思っていて、思っているから実際にそうなります。


このように、僕たちは「正しくないかもしれない知識」を一所懸命に信じて、ずっと今まで生きてきました。

ということは、自分のことも「これが本当の自分、あるべき正しい自分だ」と思いっきりカン違いしていたとしても、何の不思議もありません。

たとえば、人間関係のトラブルは、基本的に妄想、誤解、行き違い、カン違いから起こっています。

「あの人はこう思っているはず。だって、こう言ったもん」

「あんなことをされたし、こんなことをされたし、あの人は私のことをこう思っているはずだ」

「～のはずだ」と、推量や思い込みで相手の気持ちを決めつけて、自分の思った通りにならないとカリカリして、何とかしようとムキになっている。

一方、相手から誤解されて何か言われると、「そんなつもりじゃないのに」「悪く受け取られた」と被害妄想をふくらませる。

「事実ではないところ」で、躍起になって争っている。それが誤解、決めつけ、行き違いを生む……これを**一人相撲**と言います。一人で勝手に盛り上がっているんですね。

“春の雪解け”のように心がほどけていく瞬間

しかし、悪いことばかりではありません。このカン違いが解けたとき、人生が変わります。世界が大きく開けます。

映画の世界でもそうですが、感動するストーリーには、必ず最初に行き違い、誤解、トラブルがあります。それが長い年月を経て、春の雪解けのように誤解がサーッと解けた瞬間に感動が訪れるのです。

「そうだったんだ。あのとき、あの人がああ言ったのは、そういう理由だったんだ」

誤解、思い込みが解け、世界が大きく開けていく瞬間です。

もし、今「彼は～と思っているはずだ」「あの人は～すべき」「どうして～してくれないの」といった言葉が脳内でリフレインしているなら、あなたは今まさに、**〝誤解の嵐〟のまっただ中**にいるのです。

今が一番、暴風雨が激しいときなのです。

わざわざ自分の人生をギュッと歪《ゆが》めてきて、徐々に**真実に近づいてきているクライマックスのとき**です。

だから、もう少しで「すごいこと」が訪れるということでもあるのです。

どうぞ楽しみにしていてください。

2
“気づく”だけで「暗示の効力」は消える

僕らは人生を歩んでくる中で、無自覚のまま、周囲からさまざまな**暗示**を受けてきました。

たとえば、あなたが僕の娘だったとします。

そして親である僕がひどく偏屈で、性格がとてつもなくネガティブで、どれほど素晴らしい子どもに恵まれても、その子どもの「悪いところ」だけしか見られなかったとします。

「うちの子は、あんなことができない、こんなこともできない。隣のあの子は、もう走り回っているのに、うちの子はまだ歩けもしない」

そのように、悪いところにしか目がいかなかったとします。

そして、

「お前はダメな子だ、悪い子だ、できない子だ」

と言い続けたら、子どものあなたのほうも、

「私はやっぱりダメな子なんだ、価値のない子なんだ……」

と思うようになってしまうでしょう。


ところが僕がすごく満たされていて、人のいいところに注目できる人であったら、

「いいね、いいね」

と、プラスの言葉をたっぷりかけて育ててあげられます。

そうしたら、子どものあなたも、

「自分はとってもいい子なんだ。みんなにかわいがられて大事にされる、かけがえのない子なんだ」

と思うようになります。

◎どんな「言葉」が自分の心を縛っている？

これが、僕たちを取り囲んできた〝暗示〟の正体です。

そして、僕たちに暗示を与えたのは、親だけとは限りません。

おじいちゃん、おばあちゃん、学校の先生、友だち、恋人、パートナー……僕たちは知らず知らずのうちに、たくさんの暗示を受け続けて生きてきたのです。

その**暗示に〝気づく〟ことが、自分の心と向き合ったときに何より大事**になってくるのです。

なぜなら、「暗示」によって心と行動を縛られ、自分の思うように生きられずに苦しんでいる人を、僕はこれまでカウンセリングの現場で山ほど見てきたからです。

3 〝誤解されやすい人〟には理由がある

「他人から、いつも誤解される」

「そんなつもりはなかったのに、言ったことを悪く受け取られる」

「何もしていないのに、陰口を言われる」

なぜ、こういったことが起こるのでしょうか。


これは、あなたを悪く言う〝あの人〟があなたを誤解しているからではなく、**あなたが自分自身のことを誤解しているから**こそ起こる現象です。

「他人が勝手に誤解している」のではなく、「私」が「私のこと」を実際以上に悪く認識していることが、他人に誤解される原因になっているのです。

あなたの心の中には、〝歪んだレンズ〟があります。

そのレンズは、自分以外の他の人や物事であれば、真実をきちんと見せてくれます。

それなのになぜか、自分のこと、自分の関わった出来事に関しては、真実よりも数倍も悪く、歪めた姿で映し出すのです。

自分の中の〝歪んだレンズ〟に気づく

一体どうして、そんな「歪んだレンズ」を心の中に大事に抱えることになったのか？

それは、前項で述べた**〝悪い暗示〟**に原因があります。

本来のあなたは素晴らしい人間で、まわりから愛されていて、いつも皆の役に立っています。それなのに、知らないうちに暗示にかかって、カン違いして、自分を実際よりも低く評価してしまうことがあるのです。

そして、自分のことを実際よりも悪く思っているから、他人もあなたのことを実際よりも悪く思うのです。

自分のことを心の中で必要以上に悪く言っているから、他の人も必要以上に悪く言ってくるのです。


人に誤解されて、悪く言われて傷ついている人は、明らかに自己評価を「間違って」いて、「悪いやつだ、ひどいやつだ、役立たずだ」と自分一人で勝手に思い込んでいるだけだと思ってください。

これが、自分の中の「歪んだレンズに気づく」ということです。

◎その〝誤変換〟で自分を追いつめない

ちなみに、

「あの人はきっと、私のことを○○と思っている」

「あんな態度をとるなんて、きっと私のことを□□と思っているんだ」

「どうしてメールをくれないの？　きっと私のことを軽く扱っているのね」

「『好き』と言ってくれないのは、私のことなんか、どうでもいいからだわ」

これらは全部、あなたのカン違いです。**歪んだレンズを通して、相手の言葉、行動、態度を誤変換して受け取っている**のです。


たとえば、同僚に「君って、意外とおっちょこちょいなんだね」と言われたとします。

こんな何気ないひと言も、歪んだレンズを通すと、「君って、間抜けだね」と言われたように「勝手に感じて」しまう。

相手は「間抜けだね」なんてひと言も、言っていません。でも、自分の中では自動的に「間抜け」に変換して受け取っているのです。

本当はどう思われているのか、そのひと言を口にした相手には怖くて聞けません。でも、聞いてみれば絶対にこう言われます。

「私のこと、間抜けって思っている？」

「ううん、そんなこと思っていないよ」

するとあなたは、信じられずに、

「ウソでしょ」

と言います。そして相手が「はいはい、じゃ間抜けだね」と言うまで問い詰めます。

「間抜けと思っているでしょう、思っているでしょう。言いなさいよ」と。

つまり、「間抜けだ」とストレートに言ってほしいのです。でも、そう言われるのは、すごくイヤです。

けれど、「間抜け」以外の言葉を言われても、納得できません。

たとえその人が、

「いや、おっちょこちょいで、かわいいな～と思っているよ」

と言ったとしても、「本当かしら」と疑ってしまいます。

つまり、**自分を「間抜け」だと一番思っているのは「自分」**ということです。

他の誰でもない、「私」自身が、自分のことを一番そう評価しているのです。

その「一人相撲」、やめませんか。

4
「どうせ」には「やっぱり」がもれなくついてくる

このように僕らは、

「あの人があんなふうに言っているということは、きっと私のことをこう思っているはずだ」

「頼んだことをやってくれないのは、私へのイヤがらせだ。絶対、そうに決まっている、そうに違いない」

と、よく言います。

こうした発言の特徴は、**「事実がゼロ」**ということです。

代わりに何があるかというと、**頭の中だけで繰り広げられた想像、妄想**です。

これが悪夢なのです。

ふくらむだけふくらんだ妄想は、あるひと言にたどり着くようです。

それは**「どうせ」**。

「どうせ、私、かわいくないし」
「どうせ、遅いし、人より時間がかかるし」
「どうせ、いつもうまくいかないもの」
「どうせ、みんな陰口言ってるのよ」
「どうせ、私、女だし」
「どうせ、自分は面白くないし」
「どうせ、自分はかわいがられないし」
「どうせ、自分は人気がないし、人徳がないし」

この心の中で繰り返している「どうせ」に続く言葉が、あなたの最大の妄想です。

しかも、これをずっと心の中で唱え続けていると、不思議なほど、その「どうせ」に見合った出来事が起こるのです。

まるで、その言葉を証明するかのように、「どうせ○○」にぴったりの**「やっぱり」**な出来事がたくさん集まってくるのです。

「やっぱり、また嫌われた」

「やっぱり、のろまだと思われてる」

「やっぱり失敗した、うまくいかなかった、どうせ私はこうなのよ」

と。

それが「どうせ」と「やっぱり」の関係なのです。

そんなに気になってしまうのはなぜ？

この「どうせ」を持ったまま、今ある問題、たとえば人間関係を改善しようといくら努力しても、テクニックを学んでも、うまくいきません。夫婦関係も上司との関係も、いっこうによくなりません。

「どうせ私、何を話しても面白くないし」

と思っていたら、どんなに話術を学んでも、話は面白くならないのです。

どんなに面白く話すことができるようになっても、四百人が笑っていても、たった一人が苦虫をかみつぶしたような顔をしていたら、そちらのほうが気になってしまい、

「やっぱり面白くないんだ」

と思ってしまうのです。

三百九十九人が笑っているのに、たった一人が笑っていないだけで、その「どうせ」が発動してしまうのです。

◎あなたは何を、わかってほしいのか？

あなたは、心の中にどんな「どうせ」を持っていますか？

「どうせ、私は○○な人だし」

カウンセリングをしているとき、僕はいつも、その人が持っている「どうせ」

を探しています。

「この人は何をわかってほしいんだろう」というところに意識をフォーカスして、それをキュッとつかまえるわけです。

「実は私は、これをわかってほしかった。こうしてほしかった。これをやめてほしかった」

というのを見つけて、それを言葉にしてもらう。すると、今まで自分が見なかったことにして、桶に詰めて、砂をかけて石を乗せて、コンクリートで固めて隠していたものが、ポコッと出てくるのです。

それがわかったら、それを百八十度ひっくり返せばいいだけ。

ある女性は、

「どうせ、私は女の子として、かわいくないし」

「女の子として認められていないし」

と思い込んでいました。彼女には、

「どうせ、私、女の子だし」

と口に出して言ってもらいました。

「女の子として、かわいいよ」でもなく、「女の子として素敵だよ」でもなく、「どうせ、私、女の子だし」——それだけです。

そのとき、

「私は女ではないと思おうとして生きてきたけど、女なんだ」

という〝気づき〟が生まれます。

「女じゃない」と勝手に思っていただけ、本当のことが見えていなかっただけ。

それが「私は女の子だよ」と気づいた瞬間に、いろいろなことが変わります。

そんな、いろいろな「どうせ」に共通する〝根っこ〟があります。

それが、**「どうせ私、愛されないし」**。

その〝愛されない理由〟として、「かわいくないし」「目が小さいし」「根性がないし」「浪費家だし」「何の資格も持ってないし」「もう四十歳だし」「話をするのが下手だし」……といった〝別の現象〟が表われてきているのです。

◎「愛されているに決まっている世界」へワープ！

地球は北半球と南半球に分かれています。日本にいる僕らは今、北半球にいます。北半球の外側には、北半球の星空があります。

日本から出たことがなかったら、これが唯一の世界だ、星空だ、宇宙だと思っています。でも、それと同じ大きさの世界が、今同時に南半球に存在しているのです。

「私は女じゃない」国にいたのが、「女の子だよ」という国に移動しただけで、世界が倍に増えます。今までも、そこにあったのに、ないと思っていた世界。

「私は愛されていない」と思い込んでいる人にも、絶対、**「愛されているに決まっている世界」**が今ここに同時にあるのです。

そこにポンとワープする、移動するだけでいい。

「移動する」と「気づく」のです。

そして、「気づく」だけで、世界がガラリと変わります。

5

「どうせ」＋「ポジティブ言葉」の恐るべきパワー

繰り返しますが、「どうせ」には「やっぱり」がセットでついてきます。
「どうせ、私かわいくない」と思っていたら、やっぱりかわいくない。
「どうせ、私嫌われている」と思っていたら、やっぱり嫌われる。

それならいっそ、この〝どうせとやっぱりの法則〟を都合よく使って、自分が「そうなりたい」「こうあってほしい」ことに「どうせ」をくっつけてしまうといいのです。

つまり――

「どうせ、私好かれてるし」

「どうせ、私かわいいし」

「どうせ、何を言ってもわかってもらえるし」

「どうせ、大ラッキーだし」

「どうせ、応援されるし」

「どうせ、私優しくされるし」

　など、自分に都合のいいことを、「どうせ」に続けて言ってみてください。


　例として、夫婦ゲンカのときに効く「どうせ」の使い方を伝授します。

　これは僕の体験ですが、あるとき、妻とすごく些細なことでケンカしました。その後、相手のことを「憎たらしい～」と思ったまま、仕事に出かけました。そして、仕事中も時折思い出しては、「クソッ、あいつ」なんてつぶやいて、ムカッ腹を立てていたのです。

　でも、仕事を終えて、事務所から自宅まで歩いて帰る十五分くらいの間に、ふと、この「都合のいい、どうせの使い方」を思い出しました。そこで、

「どうせ、世界で一番好かれてるし。死ぬほど愛されてるし」

と、ぶつぶつとつぶやきながら歩いてみました。完全に怪しい人です（笑）。

そうして帰宅してみると、出がけにケンカしたはずなのに、妻はなぜか機嫌がよかったのです。

普通にご飯を食べて「おいしかったね」と言って、リビングでテレビを見ていたら、彼女はあまりベタベタしてこないタイプなのに、向こうからひっついてきました。滅多にないことなので、驚いて「お前、どうしたんだ」と聞いたら、「何となく今日は」と言うのです。

いかがでしょう。「どうせ」には、こんなめざましい効果があるのです。

〝大殺界〟が〝大ラッキー〟に！

他にも、「どうせ」の恐るべきパワーをいくつか紹介します。

僕のトークショーに来てくれた人の中に、「私、どうせ大殺界だし」と言っている女性がいました。そこで、

「そうか、そうか、大殺界なのか。大殺界の逆さまの言葉って、ないな。それじ

や、大ラッキーと言ってみて」

と言ったのです。

「私、どうせ大ラッキーだし」

そのトークショーの最後には、十分間の無料カウンセリングを抽選で一人だけにプレゼントすることになっていました。

箱の中に番号を書いた紙が入っていて、引いてみると、なんとその〝大殺界の人〟に当たりました。

「大殺界なのに、大ラッキー！」な現象が早速表われたわけです。

「そういえば」は〝いい記憶〟を呼び出す魔法の呪文

「どうせ」という言葉には、ネガティブな要素がたくさん詰まっています。

でも、**「どうせラッキーだし」**と、ポジティブな言葉をくっつけて唱えていると、そのうちに、頭の中にある言葉が浮かんできます。

その言葉とは――**「そういえば」**です。

これまで「どうせ、あの人、私に冷たいし」と言っていたのを、「どうせ、あの人、私に優しいし」と言い直していたら、頭の中で除外していた**「そういえば、優しくされた」という記憶が戻ってくる**のです。

人生では、確かにすごく悪いことも起きます。でも同時に、同じくらい「いいこと」も起きているのです。

たとえば、僕はときどきゴルフに行きます。クラブを構えて、頭の中で何を考えているかというと、「どうせまた、ボールが右に曲がってしまうんだろうな」です。そして、いざ打つと、「ほら右に曲がった。やっぱり」と心の中でつぶやいています。

ところが、冷静に考えたら、ゴルフでは十八ホールも回ります。打つショットの全部が右に行くことはありません。ちゃんとナイスショットを打てるときもあります。

そんなときは、まわりの人たちが「すごい、今のよかったねえ！」とほめてくれます。すると、なぜか僕は「あれは、たまたまです」と、つい必死で謙遜します。

「もういいから、もういいから。たまたまです」

そして、次に打ったときに、またボールが右に曲がったら、

「ほら！　やっぱり右に行ったでしょう」

と何だかドヤ顔で安心したりして。


つまり「どうせ」と思っていると、それ以外のものがきたら、全力で「見なかったこと」にして排除してしまうのです。

「どうせ、私は嫌われているし」と思っているときに、誰かが「あなたのことが好きだ」と言ってくれたとしても、

「何考えているの？　またうまいことを言って、私のカラダをいやらしい目で見て、いいようにしようと思っているのでしょ」

と思ってしまうわけです。

自分の中の、そんな「よくないこと」を引き寄せる考え方は、何か失敗したときにつぶやく「やっぱり……」から逆算すると見つけられますよ。

「やっぱり……また嫌われた」とつぶやくときは、「そもそも、どうせ嫌われる」と思っているということなのです。

〝テンションが上がる〟だけで「いいこと」続々！

「どうせ、私○○だし」

の○○の部分に、自分に都合のいい、明るく楽しくなる言葉を入れていると、心が少し、楽しくなってきます。**楽しくなってくると、テンションが上がります。**

違う言葉で言うと、**「波動」が上がります。**

するとその**上がった波動にピッタリの出来事**が起こります。

こうして運命は変わっていきます。

「どうせ私、人気者だし」

「どうせ私、みんなのアイドルだし」

「どうせ私、何でもできるのよ。また妬まれる。ごめん、頑張っていないけれど、私できてしまうの」

「どうせ私、何をやってもうまくいくの。またうまくいっちゃった。たまには失敗してみたいの」

こういう感じです。初めのうちは、ちょっと「くすぐったい」ですけれど、それこそが**波動が上がっているサイン**です。

毎日、言ってください。二～三日で変化が出てきます。


この「どうせ＋ポジティブな言葉を繰り返してください」とお伝えすると、「本当に思っていなくても、ただ言うだけで、いいんですか」「思えなくても、いいんですか」と、よく質問されます。

「思えなくてもいい」のです。もっと言えば**「そうなろう」としなくていい**のです。

なぜかというと、繰り返し言っていると、それに対する**「うれしいやっぱり」**が必ずくるからです。その「やっぱり」を見たら、最初は例によって受け取れずに、捨ててしまうかもしれません。

でも、捨てても捨てても「うれしいやっぱり」が次から次へと大量にやってくるから、そのうちに、うっかり受け取ってしまいます。

だから、思っていなくても大丈夫なのです。

こんな〝なりきりプレイ〟で運気は急上昇！

最終的に、次にあげるくらい強気で、自信に満ちあふれた「どうせ」を言えれば、〝向かうところ敵なし〟です。

もうね、ちょっと自信満々の人になりきって、椅子にふんぞり返って言うのです。

ぜひ声に出して、この「バカっぽいプレイ」を楽しんでみてください。

「あーあ……**どうせ私、何をやってもうまくいくのよ**。失敗しようと思っても、うまくいくの。たまには失敗っていうものを経験してみたいわ。

どうせ、この後もうまくいくんだろうな。こんなにうまくいくと、ゴールキーパーのいないサッカーみたい。あーあ、うまくいきすぎて、つまんないよね」

「あ〜あ、**どうせ、私また愛されるの**。なんでこんなに愛されるのかな〜？　ごめ〜ん、私に魅力がありすぎるのね。私、まぶしすぎるよね。みんなごめん、あ、だからみんなサングラスかけてるのね〜」

「私、お金を湯水のように使っているの。そう、だから〜、節約すると怒られるの。『もっとお金減らせよ』って言われるの。

あーあ、**どうせ私、お金に無頓着だわ**。だって、いっぱいあるんだもん。ちょっと使って減らさないと、札束が重すぎて家の床が抜けちゃうわ。通帳の記入にも、一時間ぐらいかかるのよね」

「あーあ、またお客さんに喜ばれた。そんなに説明していないのに、なんでお客さん、そこまで喜ぶのかな。

あ、ごめん、私の説明がうますぎたのね。**どうせ、また仕事がうまくいくんだ**。

あーあ、遊んでばかりいるのに。またどうせ評価されるんだなぁ」

「あーあ、**どうせ私、ビジネスセンスがあるのよ**。どうせ、これもまたうまくいくんだろうな〜。どうせまた、笑っちゃうほど儲かるんだわ。もう、ばれないようにするのが大変。だって友だちに妬まれるもん。ばれないようにするのに苦労するわ」

「あーあ、**どうせまた私、犬のように子どもを産むんだわ**。また子どもができた。私、女としてどうよ、すごいでしょ～。私ね、ギネスに載ろうかと思っているの」

「あ～あ、何か絵に描いたように幸せな家族になるんだわ。**どうせ私たちって、成功夫婦なのよね～**。もう、他の奥さんの話に、ついていけなくなるわ。旦那も優しくて、バンバン出世して、どんどん稼いでくるし、子どももデキがよくって、あー、幸せすぎて怖い。怖いけどうれしい。**どうせ私、これからもう**

まくいくんだわ。どうしよう」

「**どうせまた、ほめられるんでしょう。**もうほめられるのは、何か飽きてきたわ～。ほめられてばかりって、どうよ。また謙遜してるフリしないといけないじゃない」

「**どうせ、私、また男の人に誘われるわ。**もう～、そんなに誘われても困るから、ちょっと一人にして～。もう寄ってこないで。そんなに好きって言われても困る～」

「はいはい、**どうせ私、できる人ですよ。**何もしていないのに、できちゃうんです。

どうせ私、幸せすぎて妬まれるんだわ。あーあ、どうせ、また男が寄ってくるわ。私、結婚しているからダメと言っているのに、寄ってくるのよ～。誰か掃いて捨ててきて～」

いかがでしたか？　楽しめましたでしょうか。

これらの言葉を言うときは、もう一つポイントがあって、**アゴを上げてください**。

「はあ～（ため息）、どうせ愛されているし。どうせ何を言ってもわかってもらえるし。お金なんて使ったら入ってくるし。暴言を吐いたのに喜ばれたし。はあ～、また好きって言われた。どうせ私、かわいいし。何やってもうまくいく。たまには失敗してみたいわ。きっと神様はこんな気分なんだろうな。あーあ。また愛された。うっとうしい。ちょっと、そっとしておいてほしいわ。いくらみんなのアイドルだからって、ちょっともう、ついてこないで～。ちょっと一人にさせて。

あーあ、また愛された。犬もすぐなつくし。ちょっとぐらい、牙をむいてほしいわ。はあ～、幸せ。どうせまた、うまくいくんだろうな。本当に何をやってもうまくいくし。はあ～、幸せ」

いかがでしょうか。あまりにもバカバカしすぎて笑えません？

でも、この〝**バカな空気**〟**にひたっていると、必ず楽しいことが起こります。**

まわりから見たら、ちょっとヘンな人かもしれませんが、まわりが何と言おうと本人が幸せであれば、それは実は幸せなのです。

この際、とことん〝おめでたい人〟になりましょう。


今はまだ信じられなくても、信じてみようと思って、ずっと言い続けていく。

すると、新しい、今まで見たことがなかった「現実」が目の前に現われてきます。


「もしかして、私は素晴らしいの？　ええ!?」

と言いたくなる「現実」です。

そのときに、勇気を出して、近くの人に言ってみてください。

「どうせ、私かわいいし。素直だし。何でもできるし」

すると、あなたのまわりの人が「うん」と言います。

「そうよ、前からそう言っているじゃん」

と怒られます。

あなたは、愛されています。あなたのまわりには、空気があるのと同じように、常に〝豊かさ〟が満ちあふれています。それを、

「私は豊かでいい、豊かなんだ」

と気づくだけで、北半球から南半球に瞬間移動できるのです。北半球が冬のとき、南半球は夏です。冬と夏は同時に存在しているのです。あなた自身も同じです。

矛盾は同時に存在しています。

あなたは自分が思っているよりも可能性も能力もあるし、自分が思っているよりも実はひどいやつです。

つまり、両方の面をあなたは持っています。

その両方を丸ごと受け入れて、自由に行き来できるようになってみてください。

あ〜あ どうせ
私だけ うまくいく
んだわ

仁

Lesson 2

思い切って「やってみる」と人生が変わる

――〝欲しい未来〟を手にする「許可」を出す

6
くじけてもいいから、「やってみよう」

僕の妻は、ヨガの先生をしています。

ヨガを始めたばかりの頃は、体が硬くてカチカチでした。「木でできているんじゃないか」というくらいカチカチでした。前屈するとまるでマンガのひとコマを見ているようでした。

それがずっとヨガを続けてきて、今ではどうなっているのかというと、立ったまま前屈して、手が床にピタッとくっつくようになりました。

すごいなと思うのが、本当に毎朝、体を動かしているのです。

「今日は忙しいから無理しなくていいのに」と言っても、毎朝しています。

それを見ていると、続けることのすごさを感じます。

かなり体が柔らかくなってきていますが、「いや、まだまだ」「まだ柔らかい人がいっぱいいるから」と彼女は言うのです。やはり、好きなことは続けられるのだなと思います。

「やってみる」というのは、実はとても大事です。何回くじけても、**「やってみよう」**ということが大事なのです。

「できていいんだ」と自分に許可を出す

「やってみよう」とあわせて覚えてほしいことが、もう一つあります。

それは、**「自分はできていいんだ」**と、その夢や「やりたいこと」が実現するのを、自分に**許可してあげる**ことです。

たとえば、昔は百メートル走で十秒を切るのは不可能と思われていました。でも、一人がオリンピックでそれを超えたら、「えっ⁉　九秒台でいけるんだ」と世界の認識が変わり、九秒台で走る選手が増えました。

たとえば、もうすぐ四十歳になるから（なったから）、子どもを産むのはムリ、結婚するのはムリだと思っていても、大学時代の友人が結婚・出産すると聞けば、「え、あの子が結婚したの？　出産もしたの？　それなら私も大丈夫かも」と急に考え方が変わるかもしれません。

実際、四十歳前後で初産の方は増えています。五十代で子どもを産む人もいます。

「常識」は、絶えず塗り替えられていきます。

絶対にムリということはありません。

意外と呆気なく〝飛べる〟んです

僕も起業する前は、いつかは独立して豊かな生活を……と思い描いていましたが、どこかで「ムリだな」と思っていました。

でも、いざ独立してみたら、恐れていたほどではなくて「あれ、何をそんなに不安に思っていたんだろう」と思いました。

そして、「自分はカウンセラーとして成功していいんだ」と「許可」を出したら、それにふさわしい〝現実〟がどんどんやってきました。

何かに挑戦する前には、本当に崖から飛び降りるような気持ちになります。でも、そこで**「覚悟」を決めて「やってみる」**、**自分にはできると「許可を出す」**と、人生がガラリと変わります。

一歩踏み出せば、予想以上に簡単にフッと飛べるのです。

「飛べるじゃないか。どうしてもっと早くやってみなかったんだろう？」

というくらい、呆気《あっけ》なく。

7

「勝手にあきらめる」と損するよ

願いを実現する、なりたい自分になるための確かな方法に、

「勝手にあきらめない」

ということがあります。

世の中には、「勝手にあきらめる人」と「ダメもとでアタックしてみる人」の二種類がいます。

たとえば、僕のセミナーに参加したいと思っている人を例に取りましょう。

心屋塾や「Ｂｅトレ」に「行きたいのに、行かない」状態を何年も続けている人がいます。

「本当は、セミナーに行きたいけど、子どもの面倒を見なくちゃいけないし、ダメだろうな。夫が文句を言うだろうな、子どもを預かってもらえないだろうな。お金もないし、遠いし……」

と言って、家族に思い切って相談することもせず、一人で勝手にあきらめている。こういう人は、自分に制限をかけてしまっています。

一方で、何となく僕のブログを見て、ふっと思い立って、

「今から、参加できますか?」

とダメもとでメールして、「今日、飛び込みOKですよ」と僕が返信をし、すんなり参加できる人もいます。

世の中のすべては、ダメと決めたらその瞬間にダメになります。でも、「もしかしたら、いけるかも」という可能性が一%でもあるなら、トライしてみてほしい、頼んでみてほしいのです。

それで断られたら仕方がないし、「ダメもと」で言ってみて、自分の希望が通ったらラッキーですよね。もちろん、それでイヤな思いをしたら、受け止める覚

悟が必要ですが。

「どうせ言ってもムリだし」

「どうせ行っても間に合わないし」

そんなこと、誰も言っていないのに、いつの間にか自分の中に「どうせ」の悪魔を棲まわせてしまっているのです。

これを即刻、退治してください。

「可能性を自分で勝手にあきらめない」でほしいのです。

◯「制限を外す」と不思議とチャンスが集まってくる

そのためには、

「昔から結構、夢見ていたけれど、たぶん、絶対、ダメだ」

ということを紙に書き出してみてください。

「トム・クルーズとつき合う」

「福山雅治と結婚する」

絶対にムリだと思っているでしょう。でも、可能性はゼロではありません。

そういう感じで、あなたが「絶対にムリ」とあきらめているものを、いくつか書き出してみる。

「大丈夫、いけるかもしれない」というのはダメで、「絶対にムリだ」と思っていることと限定です。

ピアニスト、バレリーナ、漫画家、音楽家、ベストセラー作家になる。映画に主演する。英語がペラペラになる。役員になる、社長になる。男を手玉にとる、女をはべらせる。年収十億円……。

どうでしょうか、「死んでもムリ」と思っていますか？

でも、どうか、あきらめないでください。

欲しいものが手に入らない人は、「手に入るはずがない」と思っています。

欲しいものが手に入っている人は、**「手に入らないはずがない」**と思っています。

「同じ人間だし、手に入らないとは限らないでしょ」と。

このとき、「どうしたらいいのか、わからない」と思うかもしれませんが、勝手にあきらめなければ、絶対に、いい方向へ運びます。

そのときのキーワードは**「なんか知らんけど」**です。

「自分の制限を外す」と、チャンスがやってきたり、シンクロが起こったりする不思議を、面白いほど体験できますよ。

8 「すでに叶えている人」に話を聞く

いざ「夢」を実行に移そうというときには、不安になって誰かに意見を聞いたり、人に相談したくなったりするもの。

このときに一番避けたいのは、「あなたがやりたいことを実際にやったことがない人」に相談することです。

たとえば、自分が「独立したい」と思っているときに、「会社にいる人」に相談したら、七十％「やめておけ」と言われます。ところが、「会社をやめた人」に相談すれば、百％「いいね」と言われます。

相談をするときは、自分がやりたいことを実現している人に聞くこと。そうしなければ、相談相手に足を引っ張られてしまいます。

誰に相談するか、アドバイスをもらいにいくかで、人生は大きく変わります。

起業したい人は、くれぐれもサラリーマンにアドバイスを求めないようにしてください。

大学をやめたい人は、在学生には相談しないこと。

離婚したい人は、幸せな結婚生活を送っている人に聞かないこと。

結婚を迷っている人は、離婚した人に聞かないこと。

成功している人の「当たり前」をマスターする

「うまくいっている人」には、彼ら特有の考え方、常識、ライフスタイル、話し方、ファッションがあります。彼らの「当たり前」があるのです。

ですから、自分が何かをやりたいと思っていたら、それをすでにうまくやっている人に、彼らの「当たり前」を教えてもらうのです。それがとても大事です。

「オシャレをしたい」と思ったら、オシャレな人に聞きにいくのです。ダサい人に聞いたら「絶対にダメ、見た目なんかにお金をかけちゃ。人間は中身で勝負よ」などと言われてしまいます。

有効なアドバイスを聞きたいなら、自分がめざしたい姿に一番近い人を探し、その人のところへ行って、しっかり話を聞くこと。そうしたら、夢がどんどん「現実」に近くなります。

「自分がやりたいこと」をしっかり楽しんだり、自由に取り組んだりしている人たちは、

「ああしたらいいよ、ここに行くといいよ」

と、成功するためのポイント、死角、注意点、会うべき人、効率的・効果的なやり方……を親切に教えてくれます。

これから成功する人は、そんな「教えてもらったこと」を無条件でやる人です。

一方、やらない人は「こうして、こうして、でもな……」と言います。

だから、「うまくいっていない人の意見を、私は聞かない」。

そういうスタンスでいたほうが、よいのです。

9
常識の枠を外す――「あ、いいんだ」

僕は今、いろんな方とお話をさせていただいていますが、相手の方に驚かれることがよくあります。そして、**「そんなことして、いいんですか」**という言葉をいただきます。特に多いのが「怒ってもいいんですか」という言葉です。

僕は、デビュー当初は「カウンセラーらしく」という理想像のもとに、「優しいカウンセラー」をやっていました。

でも、あるときからそれをやめました。「腹が立ったら、怒る」という、人間としてごく当たり前のことをするようにしたのです。

どうやら、僕と同じように、カウンセラーやセミナー講師といった人の目に触れる仕事をしている人、または、飲食の接客係などのサービス業に就いている方、医療関係者、特に看護師さんは、「笑顔」「サービス」を求められ、期待されて、その期待に応えようと頑張るのだと思います。

でも、でも、でも、僕たちは人間です。怒ることもあれば、悲しいときもある、元気が出ないときもある。

もちろん、怒ってばかり、悲しんでばかり、落ち込んでばかりだと問題かもしれないけれど、サービス業に就いている職業人である前に、一人の人間です。だから、感情を出す場所をきちんとつくっておいたほうがいいのです。

◎「自分を隠さない」勇気を持つ

「お客様は神様です」

この言葉が独り歩きしていて、サービスをする側は「我慢が当然」、サービスを受ける側は、お金を払っているから、「大切にされて当然」と感じる人もいるのだと思います。

そして、僕も、カウンセラーとしてお客様に対してそうしていこうと思っていたのですが、やっぱり、ムリでした。そんな僕に対して「カウンセラー失格だ」なんて言う人もいるでしょうが、そんなこと、まったくお構いなしです。

僕は、本気で仕事をしているからこそ、そして、僕はそもそも熱い人間で、パワーにあふれているからこそ、一つ間違えると暑苦しい。

でも、それは僕の「情熱」だと思っています。

それを「悪いこと」として封じ込めていると、どんどん「僕らしくなくなる」のです。だから、セミナー中でも、カウンセリング中でも、僕の感情が動いたら、それを感情的に表現することにしています。

うれしいときには喜び、悲しいときには泣き、腹が立ったら怒ります。

その結果、クライアントとの距離は縮まり、クライアントの信頼をいただけるから、面白いものです。それは「怒ったから」「泣いたから」信頼をいただいたのではなく、**「自分を隠さない」「自分らしくいる」その勇気を持ったから**だと思っています。

◎「らしくない」が自分の能力を狭めていく

で、そんな話をすると、同業者の方や、その他の方からも、よく驚かれます。それは「そんなことして、いいんですか⁉」、つまり「講師なのに、怒っていいんですか⁉」ということですね。

僕が「自分を隠さないようにしている」ということを聞き、驚いた人の多くは、しばし呆然とされます。そして、「いいんだ……怒っていいんだ……」と、遠い目になります。

これが、**「常識の枠を超えた瞬間」**なのです。常識の枠とは「○○をしてはいけない」「○○しなければいけない」という**「制限」**のことです。**「こうあるべき」「こうするべき」**ということですね。

そうやって驚かれる方の多くは、やはり「いい人でいよう」としていた方でした。そして、「怒ってもいいんだ……」の後は「でも、やっぱり怖いなあ」とななります。

その「怖さ」は、「認められない」「評価が下がる」「嫌われる」怖さです。それは、「そのままの自分を出す怖さ」であり「自分らしく生きることの怖さ」でもあるのです。

でも、自分らしく生きること、そのままの自分を出すことをしないと、やっぱりうまくいきません。その**「らしくない」が、自分の能力、意識を狭めていくの**です。

◎「なんで、そんなことしてんの？」「なんで、しないの？」

僕がいろんな方からお話を聞いていて、いつも驚いて、心揺さぶられるのが、「～していいんだ、～しなくていいんだ」に出会った瞬間です。

つまり、自分の中で「してはいけない」「しなければいけない」と、あまりにも当たり前になっていたことについて、「それ、しなくていいんだ」「それ、してもいいんだ」と知ったとき、ということです。しかも、それでうまくいっている人がいるのを知ったときの衝撃といったら、相当なものです。人生が、真逆に変わる衝撃です。

- 本音を言っていいんだ
- 怒っていいんだ
- 優しくしなくていいんだ
- 無視していいんだ
- そんなこと言っていいんだ
- それ、やらなくていいんだ

うまくいっていない人の「常識」「べき」と、うまくいっている人の「常識」「べき」は、まったく違います。

特に、**うまくいっている人は「べき」が少ない**。だから、いろんなタブーがないし、可能性が広くて自由なんです。

「やっても、いいんじゃない」「やらなくても、いいんじゃない」「言ってみれば」「やってみれば」「ほっとけばいいよ」

「なんで、そんなことしてんの」「なんで、しないの」という、成功者の質問にはドキドキさせられます。それは、自分が勝手に設けた制限、「しないと怒られる」「すると怒られる」という、恐怖ポイントをつつかれるからです。

「いいんだ」

僕はカウンセリングにおいて、いつも、悩んでいる人にこの言葉をすすめています。悩んでいる人の、悩みの原因のほとんどが、この「制限」だからです。

自分で設けた「制限」、つまり「こうしなければいけない」「これをやってはいけない」という自分だけの恐怖に包まれたルールです。

そこをいち早く見つけて、「いいんだ」に変えていくことで、**悩みは、可能性へと変わっていく**のです。

10 「あ、そうなんだ」——受け入れると世界が広がるよ

「いいんだ」という言葉と、もう一つ覚えておいてほしい言葉があります。

「そうなんだ」です。

これは何かというと、人からアドバイスや忠告を受けたり、話を聞かせてもらったときに、「ええ、でも……」と言うなということ。反論したり、否定したりするな、ということです。そうでないと聞く意味がない。

たとえ、そのときはピンとこなかったり、ムカッときたりしたとしても、グッととらえて、一度受け入れてみる。

自分の常識と違うことを言われたのだから、受け入れられないのが当たり前。

その上で、

「あ、そうなんだ」

と、素直にいったん受け入れてみる。

「ええ、でも……」と言い返すのが習慣になっている人、つまり、スネている人は、どんなにためになる話を聞いても、ひねくれた受け取り方しかできません。だから、考え方が変わらず、チャンスもなかなかめぐってこないし、人にも愛されない。

うまくいかないのは「うまくいかない考え方」を信じているからです。それを変えない限り、うまくいきません。

「そうなんだ」と素直に受け入れると、目の前の出来事が、人間関係が、自分を取り巻く状況が、そして自分がスッと変わります。

「そうなんだ」と素直に言う人は、何でも信じてしまうバカに見えるかもしれませんが、**「もっとみんな、バカになってみようじゃないか」**と提案したいと思います。

◯夢を叶える方法は「知らなくていい」!?

夢を叶えるための、もう一つのキーワードが**「知らなくていい」**。

あなたは、一年の初めに、その年の目標を立てるでしょうか。僕は、毎年目標を立てるのですが、十個目標を立てたら、年末には七～八個ほど叶っています。

そこで、ふと、

「違う。これは叶って当たり前だったんだ」

と思ったのです。つまり、叶うのがわかっていること、叶いそうなものしか書いていなかったのです。それ以来、**「どうやれば叶うのかがわからないけど、手に入れたいこと・もの」**を書くようにしました。

あなたも「実現の仕方なんて全然知らない、全然わからない。でも、やってみたい」――そんな夢みたいな目標を立ててみてください。

「これをこうして、こうすれば多分できるな」という程度の目標は、目標と言わず〝予定〟と言います。

◎〝流れ〟に任せると「何か知らないけど、うまくいく」

僕がうまく達成できたなと思うことを振り返ると、それは自分で計画したものでも、〝やり遂げたこと〟でもありませんでした。

「何か知らないけど、できた」ことです。

著書がベストセラーになったこと。それから、十一キロ減量したこと。「片づけ」が、いい具合にできるようになったこと。テレビに出られたこと。

本は「書いてくれ」と言われたから書いたし、ベストセラーのつくり方なんて「知らなかった」。売ろうと思って僕自身が何かをしたわけでもないのに、出版社の営業の方や書店さんが、一所懸命に頑張ってくれました。

減量については、僕は食べるのが好きだから、ダイエットや食事制限なんて考えもしませんし、目標の中にも入れていませんでした。考えることすら、おぞましかった。

でも、「やせたほうがいい」のはわかっていた。そのためには、ご飯を我慢するしかない。でも、我慢できない。このグルグルをしばらく回っていました。

すると、ある日、知り合いのイラストレーターさんから、

「私たちは毎年、断食に行っているんだけど、一緒に行く？」

と聞かれました。

「行く、行く」

とつい答えました。

するとしばらくして、「予約を取ったから」と本当に連絡がきました。三泊四日の断食です。でも、もう断れません。

人生初めての断食は、本当に死にかけました。高山病のようになって、立つこともできないくらいでした。すごく、しんどかった。

でも、三泊四日の断食が終わったら、何かの〝はからい〟であるかのように、三・四キロも減っていたのです。

そこから食生活に注意して、三カ月の間に十一キロ落としました。

減量なんて、完全に予定していなかったし、やせるための知識もなかったけれ

ど、「何か知らないけれど」できました。

テレビ出演もそう。ある日、制作会社からオファーがきただけ。テレビに出る方法なんて、まったく知りませんでした。

◎「オオカミ少年の法則」をプラスに活用する

「オオカミがきたぞー！」

と少年が大声で叫ぶと、村人たちは一斉に逃げました。でも、それは「みんなが逃げていくのを見るのが面白い」から、少年がウソをついていたのです。

「オオカミがきたぞー！　オオカミがきたぞー！　オオカミがきたぞー！」

少年が何度も村人たちをだましているうちに、本当にオオカミがやってきました。「ウソから出たまこと」です。つまり、「ウソも繰り返すうちに本当になる」ということです。

この**「オオカミ少年の法則」**を、プラスに使ってみてはどうでしょう。

つまり、叶えたい夢があるなら、叶う前から、さも叶ってしまったかのように、人前で言って回るのです。

「幕張メッセで講演会をします」

「フィリピンに移住します」

そんな、壮大で途方もないウソをつくのです。ここから、「ウソから出たまこと」が絶対に起こります。

手始めに、エイプリルフールに楽しいウソをつく、というのはいかがでしょうか。

今のうちに「何々したぞ、何々があったぞ、何々してしまったぞ」というウソを、オオカミ少年なみに、たくさん言っておくこと。

「あいつは、あんなに大ボラふいて、アホじゃないか」と思われるかもしれません。そして三年後くらいに、「あいつ、本当にやったぞ」ということになったら、思いっきり笑ってやってね。

ちなみに僕の大ボラは、武道館でコンサートをする、です。

11

夢のために「動きたくなる」ときが、必ずくる

こういう話をしていると、

「それはわかった。でも、決心がつかないから悩んでいる」

とみんな口をそろえて言います。そして、

「どうしたら動けますか、どうしたら、そのようになれますか」

と聞かれますが、これを聞かれたときに必ず答えることがあります。それが、

「人には動きたくなるときがくる」

です。

今まで動けなかった人が動けるようになるのは、「動きたくなった」からです。

だから、動きたくなるまでは、じっとしていてください。

シワが増えて、体も弱って、あれして、これして、もうどうにもならないところまで行ってもいいです。でも、動きたくなるときが必ずきます。

◎「何となく」のフィーリングを大切に

動きたくなるときのサインは、いっぱいあります。「何となく」というフィーリング。直観。たまたま。ご縁。

日本語には、こういう言葉がいっぱいあります。これにのるか反《そ》るかです。

「たまたま」がきたときにのる。
「ご縁」がきたときにのる。

今、この本を手にしている皆さんには「ご縁」がきています。

そして、「動きたくなるようなとき」が必ずきます。

それがいつかというと、今です。実は、今、流れがきています。

この本を手にしている時点で、流れがきているのです。

流れがきているのに、どこかの杭にしがみついて、流されないように頑張るよりも、どこに行くのかわからないけれども、パッと手を離して流れに身を任せて生きると、思いもよらないどこか知らない素晴らしい世界へたどり着きます。

これが実は、「やりたいこと」「夢」を叶えるコツなのです。

この流れの中で、杭から手を離す勇気。それさえ持てればいい。成り行きに任せる、行き当たりばったり、困ったときに考える勇気です。

まぁ、勇気を持たなくても、そのうち流れがどんどん強くなってきて、杭から手が外れて流されてしまう人も多分出てきます。想像を超えた素晴らしい世界に流されてください。

そのときに「ああ、もっと早く流されていればよかったな」とわかるのです。だから、早くあきらめてください。もう流れがきています。

残念ですが、いくら抵抗しても、もうダメです。

〝動く時期〟は、きているのです。

12 「テンションの上がること」にだけパワーを使う

この章の最後に伝えたいこと。それは、

「テンションが上がることだけやろう」

ということです。


僕は、これまでの人生で、それなりに頑張ってきました。

特に、大学を卒業して入社した会社では、すごく頑張ってきました。

頑張って、頑張って、頑張って、やってきた。

その原動力は、「認めてほしい」「役に立って喜ばれたい」という気持ちだけでした。

そのために、テンションが上がろうが上がるまいが、ただただ、必死にやってきました。泣き言を言わず、耐えるところは耐え、工夫するところは工夫して、頑張るところは頑張って、うまくいくように、失敗しないように、必死にやってきました。

そして、同じことを当然のように周囲にも求めていました。

カウンセラーとして起業してからも、いろいろ努力をして頑張ってやってきました。

でも、最近は頑張るのをやめました。

テンションが上がらないことは、認められても、ほめられても、やらないことにしました。

そして、**テンションが上がることだけ、やる**ようにしました。そして、損するのがわかっていても「テンションの上がらないことをやめた」のです。

そうしたら、**何かに運ばれているかのように、いい流れが加速**しました。

テンションが上がることは、ムリだと決めつけずにやってみました。

するときに、さらにいい流れが加速して、うまくいくことが増えたのです。

「心のリフォーム」、してみませんか

そして今では、テンションの上がらないことにパワーを使ってる場合じゃない、と思っています。

僕がやっているのは、**「心のリフォーム」**です。

リフォームとは、いったん心を解体し、壊して、その人の〝中心〟をむき出しにし、〝本来の人格・個性〟を見つけて活かしていく作業です。

でも、長年住んできた家の壁が壊されていくのを見るのは、つらいものです。〝へんてこりん〟だったけど、長年苦労を共にしてきた。「いい思い出」もいっぱい詰まっている。

でも、実は住みにくかった、居心地が悪かった。でも、住み慣れた家。

その壁を、僕は叩き壊します。

そして、あらためて自分の「心の柱」を見直し、自分に合った壁につくりなおしていく――それが、**「心のリフォーム作業」**です。

今までの家は、「誰か」には合っていても、「自分」には合っていなかった。自分にとっては偏っていた。その「誰か」とは、両親だったのです。

それを〝戻す〟だけです。本来あるべき姿に。

それが、僕にとっての「テンションが上がる」生き方。テンションが上がるものだけを、選んでいく生き方です。

◎「捨てる覚悟」があれば、何でもできる

あなたにも、心に密かに抱いている「叶えたい夢」があるでしょう。もしかしたら、もうあきらめてる夢。その夢を叶えようとするときに、

「そんなのじゃ、ダメだ」

「そんな、わがままな」

「もっと努力して」

という、誰かの価値観は、もういらないのです。その住み慣れた、誰かにつくられた「壁」を捨てる覚悟を、持ってほしいのです。

自分の夢を叶えるときに、必要なのは**「捨てる覚悟」**。

いらなくなったもの、不要になったもの、思い出、「昔は必要だったもの」を捨てる覚悟です。

捨てる対象が「不利益」だけしかないなら、簡単に捨てられます。でも、その「不利益」の裏にある「利益」も一緒に捨てること。

いいところもあるけれど、やっぱり一緒にいて楽しくない人と別れる。

自分を満足させてくれた過去の実績や栄光を捨てる。

このように、「不利益」の裏にある「利益」も捨てることが「覚悟」なのです。

人生は短い。だから、**テンションの上がらないものは、全部、捨ててしまおう。**

それが、「自分らしく後悔しない人生」を生きる方法なのかもしれません。

そのためなら、どんな苦労もできるかもしれないね。

だいじょうぶ
ぜったい幸せになる

Lesson 3

「やりたいこと」は、もう我慢しない

——もっと〝心のまま〟に生きてみる

13 自分に「厳しい目」を向けるのも、ほどほどに

この章は「自分を愛する」というテーマで書き進めていきます。

告白すると、実は僕自身は、自分のことを「愛情が薄い人間だな」「自分はどこか冷たいのかな」と感じながら生きてきました。

理由は、なかなか人に優しくできないから。好きな人には優しくできるけれど、苦手な人や嫌いな人には「優しくしたくない」と思ってしまう。

しかも、人の「いいところ」よりも「悪いところ」を見てしまうから、相手が喜ぶようなアクションを起こしにくい。だから愛情を伝えられない。前職の会社員時代は、特にそうでした。

他人にも優しくできないから、当然、自分にも厳しい目を向けている。

でも、心理カウンセラーとしてセミナーやカウンセリングをしていると、「すごく優しいですね」と言われることが多い。おかしい……。

それはなぜなのかと、結構長い間、考えていました。

◎「自分のことが嫌い」なら、まずは〝ここ〟をクリアする

「自分を愛する」というと、「自分を全部好きになる」という意味で考える人がいます。たとえば、「人見知りで優柔不断なところ」は、ダメ。だから、自分のことが嫌い、と。

けれど今、「私は自分のことが嫌い」と思っていたとしても、「この本を手に取った」ということは、もっと自分をよくしたい、このままじゃイヤだという気持ちがあるということ。つまり、自分を愛したいという気持ちがあるわけです。それは「好き・嫌い」を超越したものです。

以前、あるテレビ番組でマツコ・デラックスさんと有吉弘行さんが、視聴者か

らの「悩み」に答えていました。

そのとき、「自分を好きになれませんが、どうしたらいいでしょうか」という質問がありました。そのとき、二人は口をそろえて、

「私たち、自分のこと嫌いよね」

「自分のことなんか、ムリして好きになろうとしなくていいよ」

と言っていました。面白いな、と思います。

自分のことを嫌いでも、自分の思い通りに何かができなくても、まずはそれを「言える」ようになること、そして、そんな「嫌いな自分」のことを、

「私、自分のこと、嫌いですけど、それが何か？」

と開き直って、自分の才能を活かして（愛して）あげて、世の中で活躍することって、できるわけです。

ただ「気づく」だけで世の中がバラ色に!?

たとえば、イスがあります。

イスの角が丸いのは、愛情だって知ってました？　座ったときに、角に手や脚を引っかけてケガをしないように、という配慮です。マジックやペンも、フタが取りやすいように、デザインや構造が工夫してあります。これも愛情です。

クリアファイルも片側に半円の切れ目がついているものがありますが、これも「書類が取り出しやすいように」という愛情です。

このように、**世の中はたくさんの愛情に満ちています**。

何気ない日常の空間にも、みんなが快適に過ごせるように、細やかな配慮と愛情が充ち満ちています。

そんな世界に生きている僕たちに、愛情がないわけがない。

自分の内側にも、外側にも、愛情はたくさん〝ある〟。

僕たちはそのことに、「ただ、気づく」だけでいいのかもしれません。

「愛情は、ある」けれど、「うまく表現できない」自分がいるだけかもしれませんね。

14

「当たり前の毎日」のプライスレスな価値

またまた妻の例ですみません。僕の妻は、常日頃から僕に対して、あまり愛情表現に見えるコトをしてきません。いわゆるツンデレ系です。

それで、恥ずかしながら、昔は僕も、

「僕のこと、好き?」

と、ときどき妻に対して面倒くさい質問をしてしまっていました。めちゃくちゃカッコ悪いですね（笑）。

すると彼女は、

「わからない」

と言います。「え?」と思います。

彼女は僕とつき合い始めた頃から一貫して、「好きだろうが嫌いだろうが、あなたと結婚します」とずっと言っていました。彼女いわく、「好き嫌いで結婚するのではない」のだそうです。

その言葉の意味が、僕には最初わかりませんでした。

〝お金の流れ〟も〝愛情の流れ〟も実は同じ!?

でも、あるとき、これを会社の会計とかお給料にたとえると、わかるな、ということに気づきました。

会社のお金の流れには、「固定費」と「変動費」があります。

固定費（定時払い）は毎月かかる家賃や電気代など、一定に出ていく費用のこと。一方、変動費は、今月は机やパソコンを買ったということで上がったり下がったりする、状況によって変わる費用です。

また、お給料の場合で考えると、「固定給」と「歩合給」があります。

「固定給」は毎月、決まったお金が払われますが、「歩合給」は成果に応じて金額が変わるので毎月、変動します。

もしかしたら愛情も、これと同じなのではと僕は考えたのです。

妻は僕に対して、固定給が毎月、当然のごとくあるように、当然のように愛情を感じてくれているわけです。それは、「与える」とか「もらう」といったものでなく、「そこにある」ものだということ（多分、ですよ……）。

それとは別に、ケンカした、仲直りした、うれしいことをしてくれた……といったハプニングが生じて「愛情」にちょっと強弱がつくことがあっても（歩合給が上下しても）、「それがどうした？」という感じなのでしょう。

だから「愛しているけど、腹が立つ」「愛しているけど、ここは嫌い」ということもあるわけです。

そして、この本を読んでいる時点で、あなたも完全固定給で自分のことを愛しています。

その上で、自分のこういうところが好きだとか嫌いだとか、状況に応じて言っているだけなのです。

○今ある〝大前提の愛情〟をありがたく受け止める

別の言い方をすると、固定とは**〝大前提〟**です。パートナーや親や子どもを「愛している」という大前提があって、状況による変動が加わるだけです。

この〝大前提の愛情〟に気づくと、その大きさにビックリします。

毎日ご飯をつくってくれているとか、毎日家にちゃんと帰ってきてくれるとか、ちゃんと仕事に行って稼いできてくれるとか、**当たり前のように思ってきたことを、「愛情」だと理解する練習**が、もしかしたら僕たちには必要なのかもしれません。

たとえば、親が子どものことを心配する、うるさく口を出す、夫が妻に「どこに行くの」と頻繁に聞く、そんな一見トラブルのもとのように見えることも、それが〝大前提の愛情〟から出ているのだと気づいて、受け止められたら……世界が変わってくるのではないでしょうか。

15
自分を〝さらけ出して〟生きてみる

自分を愛する方法は、実はとてもシンプルです。

「自分がやりたいと思っていることをやる」
「自分がやりたくないと思っていることを早くやめる」

これに尽きます。

たとえば、本当は「自分の外見をかわいく、オシャレに見せる」ということに挑戦したい、そのために専門家の助けを借りたい。けれどやっていない、という人はたくさんいると思います。

なぜか。それは、たとえば自分に似合う色を知るためにカラー診断を受けようと思うと、普段の自分がどんな服を着ているか、さらけ出さないといけない。専門家から「ダメ出し」されるかもしれない。

ハッキリと「え？　そんなのじゃダメですね」と言われてしまったら落ち込む、だから「自分をかわいく見せる」という「やりたいこと」にいつまでも挑戦できないでいる。

つまり、自分をより愛していく過程では、**自分の弱さやダメさを認める「勇気」が必要**、ということです。

そして、その弱さを克服するために、誰かの力を借りる「素直さ」も。

僕も出版記念講演会をやるときに、初めてスタイリストについてもらいました。

それまで、自分の外見をどう磨いたらいいのか、全然わかっていなかったので、「自分をカッコよく見せる」ということをしようと思ったわけです。

そこで第三者のプロに、髪型からメガネ、洋服の色や形、素材まで、すべてアドバイスをもらい、それを自分でも着こなせるようにしてきました。

◎「やりたいこと」をするために、何をやめようか？

自分が今、したくないのにしていること、実はやめたいことを、箇条書きでたくさんあげてみてください。

たとえば、愛想笑いをやめたい、タバコをやめたい、満員電車の通勤をやめたい、髪を染めているのをやめたい、今の会社をやめたい、今のパートナーと一緒にいるのをやめたい。

ずっとネットを見ていること、友人との長電話、フェイスブックに登録していることをやめたい……。

そして、「やめたいこと」をリストアップしたら、それを「簡単にやめられそうな順」に番号をつけてみてほしいのです。

というのは、難易度の高いものをいきなり実行するのは、やはり大変です。

そして、その「一番簡単なもの」から、やめてみてほしいのです。

というのも、「やりたくないこと」をやっている時間は我慢の時間だから、ストレスがたまります。

ストレスって、簡単に言うと「我慢」です。

我慢を続けると、不平不満がたまります。心にも、体の中にも、ゴミがたまります。

心の中に思いのカスが残り、たまっていくと、だんだんどす黒いかたまりになっていきます。そして、ためにため込んでどうにもならなくなってから、一気にドバッと吐き出したら、本人にとっても、まわりの人にとっても被害甚大……ということになります。

「本当はやめたい」と思っていることを、一刻も早くやめてください。今、この瞬間に決断すること。

「やめたいこと」をするのに時間を使っているから、「やりたいこと」ができないのです。

やめるときには、**「損してもいい」**と決意する必要があります。

ずっと続けているのには、やっぱりいろんな理由があって、そこには「失いたくない」という思いがあります。

信頼や、安全や、快楽を失いたくない、損したくないのです。

でも、「損してもいい」と思うと、肩の荷が下り、元気になれるのです。

16 遠慮してないで、さっさとやろう

さて、「やりたくないことをやめる」ことができたら、いよいよ**「実はやりたいけれど、やっていなかったこと」**をたくさん書き出してください。

実は、やろうと思えばできるのに、あきらめていることが、たくさんあるはずです。

週に一本映画を観る、大好きなカステラ一本を一人で食べる、ブランド物の洋服を買う、名古屋まできしめんを食べに行く。

食べ歩きをする、ブログを始める、独立する、起業する。誰かに「ずっと好きだったんです」と言う……。

あなたも、こんな「やろうと思えばできること」を、何となくあきらめていま

せんか。そういうことを「ふっ」と思い出して、どんどん書いてみてください。

そして、同じように、「簡単そうなもの」から順に番号をつけてみます。

そして今日から、そのリストの一番上に書いたことを**「やってみようかな」**と思ってみてください。

それが**「自分らしく生きる」**ということです。

それができなかったのは「やりたくないこと」を「やめて」いなかったから。

「やりたくないこと」リスト、「やりたいことリスト」、それぞれの一番上に書いたことを、「やめようか」「やろうか」と軽〜く決意してみる。それだけで、意識がポンと動き出します。

「だって、自分を愛するために、この本を手に取ってしまったしな」と、覚悟を決めてみてください。

その「我慢」で何が手に入るの？

僕がかつて自分のことを「ダメだな」と思っていた時期は、「やりたくないのにやっていること」が山ほどあって、「やりたいこと」をたくさん我慢していました。

それを我慢して我慢して、「他人から評価してもらうこと」ばかり求めていました。それでも思うように評価してもらえないから、不平不満ばかりで、ますます自分のことが嫌いになっていったのです。

せめて自分がやりたいことを何かやっていたら、せめて自分がやりたくないことを一つでも減らしていたら、他人からの評価が得られなくても軽く流せていたかな、と思います。

今、僕は「やりたいこと」ばかりしています。すると、「やらなければいけないこと」も、我慢してやることができるのです。

でも、**できるだけ、やりたいことをやって、やりたくないことをやめていく。**それを常に意識し続けています。

これが、最終的に自分を大切にする、自分の人生を生きることになると思っています。

愛されてる、って思う
決まっているから、信じて
受け取れば見えてくる

仁

Lesson 4

一人で勝手に「あきらめない」

——自分の仕掛けたワナから抜け出す

17

「成功曲線」を知って、ドーンと構えよう

「成功曲線」というものがあります。

僕の大好きな経営コンサルタント・石原明さんが提唱しているコンセプトです。石原さんによると、「成果とは、かけた時間と努力に正比例して、右肩上がりに上がるものではない」というのです。つまり、努力した時間や量は、すぐに成果として現われない、ということです。

努力すれば、時間をかければ、すぐに効果が出ると思っていると、望む結果がなかなか得られないときに、そのやり方を早々にあきらめてしまいます。

でも、「成功曲線」というものを知っていれば、今、一所懸命に努力しているのに成果が出ないとき、あきらめずに努力を続けられる、ということです。

線で書いてみます。

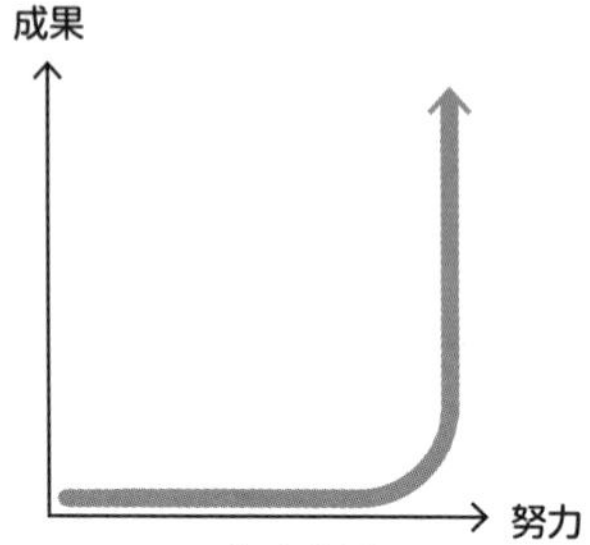

成功曲線

上の図の通りです。

わかりますか？（笑）

そう、ずーーーーーーーーーーーっと同じところを走り続けて、最後で、きゅんっ！と上がる。

これが、「努力したらすぐに結果が出る」と思っていると心が折れる、くじけるという話ですね。

◎「飛べる」とわかっているから、走れる！

飛行機も同じです。

延々と滑走路を走り、最後の最後で、

（伊丹空港でいえば、もうすぐ川に落ちるで～というところで）

（羽田空港でいえば、もうすぐ海に落ちるで〜というところで）

ぎゅん！　と上がります。

これは、そこまで延々と滑走路を走ってきたからこそ飛べるんですね。

で、飛べるとわかっているから、パイロットも延々と滑走路を走らせる。

そう、**「飛べるとわかっていると走れる」**のです。

「飛べるかな、飛べないかな」

「成果出るかな、成果出ないかな」

疑いながらでも、とにかく一度は走ってみると面白いですね。

そう「飛べるまで」「成果が出るまで」。

18
人間四十九年、ダイエット二年――あなたが「続けていること」は何？

あなたに一つ、ここで質問をします。

「あなたがこの人生で『続けてきたこと』は何ですか」

そして、それをどれくらいの期間、続けてきたでしょうか。

僕が「続けてきたこと」を書いてみます。

まず、書道は三十七年。音楽、楽器演奏が二十二年。禁煙八年。ダイエット二年。前章で書いたように、断食に行ってから、三カ月で十一キロ落として、その体重を維持しています。続けようとチャレンジしているのが、毎朝の座禅。

前職の会社勤めを十九年、今の結婚を三年、前の結婚が十五年。Ｂｅトレが二年、オープンカウンセリングが二年半、心屋塾が六年。

人の親を二十一年続けています。

そして、**一番長く続けているのが「自分」**です。約四十九年続けています。

◎誰もが〝すごい継続力〟を持っている!?

あなたは、どんなことを続けてきたでしょうか。

「いい人続けて五十年」とか、どんなことでも構いません。ちょっと書き出してみてください。

たとえば、

——自炊十年。

——仕事十六年。

——朝五時半に起きて、散歩を十年している。

——ドクダミ茶を煎じ続けて五年。

——十四年間、同じ人に片思い。

——十年間、スカートをはいていない。

それで、実は続けたくないのに続けてしまっていることが、おそらくたくさんあると思います。

本当はやめたいのに、やめられない。たとえば、独身のままでいるのをやめられない。ロングヘアをやめられない。メガネをやめられない。

イヤな仕事を五十年続けてきた人もいます。「イヤだ、イヤだ」と言いながら定年まで働きました。

「離婚したい、離婚したい」と言い続けながら、「今度は金婚式です」と言う人もいるかもしれません。

僕らは、

「続けられない、三日坊主だ、継続するのは難しい」

と言っている割には、こうやって「続けて」いることが死ぬほどあります。

本当はやめたいのに、やめられないこと。

たとえば酒、タバコ、男遊び、女遊び、借家暮らし、実家暮らし、結婚。

虚弱体質や太っていること、反省したり悔やんだりすること……。

不本意ながら、それだけあなたには〝続ける力〟があるということです。そして、それをやめようとしても、なかなかやめられません。ええ、きっと好きなんでしょうね。

だから、「続ける力」を持っていることは、これでハッキリしました。

人生の悩ましいところは、**続けたいことがなかなか続けられなくて、続けたくないことが続いてしまう**、ということです。

◎挫折しやすい人の「言い訳」

それでは、「続けようと思って挫折してしまうもの」には何があるでしょうか。

たとえば日記、ダイエット、朝の散歩・ランニング、座禅、ゴルフ、禁煙。

お酒をやめられない人は、やめようと思った翌日に、急に飲み会のお誘いがきたりします。

ウォーキングを始めると、だいたい二日目に雨が降ります。「今日はいいか、靴が濡れるし、カゼひくし」となる。

そんな「何かを継続する」というときに一番考えてほしいことは、「それを続けられなかったときに、どんな気分になるか」ということです。

もしくは、自分のことをどう認識するか。

「ああ、またダメだったわ」

「ああ、なんでこんな私なのかしら」

大方、こんな感じでしょうか。あまり〝いい気分〟ではないと思います。

そして、こんな気分に心が覆われたときは、自分のことをどんな人間だと認識するのかといえば、

「やっぱり、私って、意志が弱いな」

というところでしょうか。実は、これには〝心理的なワナ〟が仕組まれています。つまり、

「ああ、やっぱり、私って意志が弱い、ダメなやつなんだ」

と確認、証明するために、無意識のうちに**わざと途中で挫折している**のです。

言葉を換えると、自分で穴を掘って、はまっている感じです。

わざと挫折することで、「ダメな自分」を必死で証明しているのです。

「絶対」って、意外と簡単にくずせる

続けられないこと、もしくは、やめられないことを、「ダメな自分」を証明するために使う——それを何度か繰り返しているうちに、自分の心の中で「絶対、私には○○はムリ」という思いが固まっていきます。

「絶対、私にはダイエットなんてムリ」

「絶対、この人と仲よくするのはムリ」

「絶対、会社をやめるのなんてムリ」

「絶対、私が結婚なんてムリ」

「絶対、あの人は振り向いてくれない」

こんなことを心の中でガッチリと固めて〝思い込み〟に育ててしまうのです。

でも、その「絶対」は、意外と簡単にくずせます。

僕も「ダイエットするなんて、絶対にムリ」と思っていました。「断食も絶対にムリ」だと思っていました。でも、**「やったら、できた」**のです。

禁煙もそうです。僕は毎日タバコを二箱半ずつくらい吸っていました。それがある日、「タバコをやめよう」と思ったら、スッとやめることができました。

だから、モデルになる、歌手デビューする、作家デビューする、F1レーサーになる、バンジージャンプをする——。

あなたが今、後生大事に心にとってある「絶対ムリ」なことって、意外に簡単に実現できたりしちゃうんですよ。

「絶対できる」のです。

19

今までうまくいかなかった方法の〝逆〟をやる

カウンセリングをしていると、

「私って、忍耐力がないから、いつもうまくいかないんです」

「今の職場で我慢できなければ、どこに行っても成功できないと思うんです」

と言う人がいます。

けれど、事実はこれとまったく逆です。

本当のところは、「我慢しているから成功していない」のではないでしょうか。

楽しく、のびのび、自分らしさを活かして生きるために「心がけたいこと」と、

「実際にやっていること」が正反対なのです。

僕は、以前勤めていた会社では、ずっと忍耐強く働いていました。でも、今は

忍耐するのをやめました。すると非常に気持ちが楽になり、カウンセラーとしての仕事も、身のまわりのあれこれも、スイスイうまくいっています。

「これまで、ず～っと忍耐強く生きてきた。人の顔色を見て生きてきた。なのに、うまくいっていない」

そんなあなたに、とてもシンプルな方程式を教えます。それが、

「我慢しなければ、うまくいく」

です。

「怖い」と思っていることを、あえてやる

「苦しみ抜いた先に成功の栄冠が待っている」とか「石の上にも三年」とか、世の中で忍耐が推奨されているのは、「そのほうが世間の人たちが喜ぶから」です。

なぜなら、「なんか知らないけれども、うまくいっちゃった」なんて虫のいいことをメディアで取り上げたら、「けしから～ん」と抗議が殺到して大変なことになるからです。

これは冗談としても、**今までうまくいかなかった方法の逆をやれば、うまくいく**という、とってもシンプルな話なのです。

逆に、今まで刹那的な欲求の赴くまま、我慢せずに生きてきて「うまくいかないな」と思っている人は、我慢してみればうまくいきます。

今までグーッと歯を食いしばって、ずっと我慢してきたのに「報われない」と思っている人なら、我慢をやめて、ちょっと〝おちゃらけキャラ〟ぐらいをめざすほうが、うまくいきます。

自分が我慢しすぎなのか、我慢が足りないのかの判断をつけるポイントは、**自分が今やっていることを手放すのが、怖いかどうか**、です。

たとえば、仕事。我慢しすぎている人は、会社を飛び出すのが怖いから、会社にいることを選ぶ。独立して自力で稼ぐよりも、安定しているし、待遇がいいからです。

一方、「こんな会社、オレの器には合わないぜ、いつでもやめてやるぜ」と何の恐怖心もない人は、もうちょっと我慢しましょう（笑）。

要はそういうことです。「自分が怖がっているポイント」を見つけて、ガチガチに固まって融通がきかなくなっている自分の価値観から早く外に出たほうが、絶対に幸せになれます。

怖いと思っていることを、あえてやるということです。

それは〝自分の心からのお告げ〟

もう一度最後にまとめておくと、「続けたいことを続けられない」のは、「続けられない自分はダメなヤツだ」と思いたいからです。

僕も以前は、何かを途中でやめたりしたときは、「ああ、僕ってダメだな」と思っていました。

でも、ここ数年は全然そんなふうに思わなくなりました。

続けられなかったら、「ああ、続けられないな」とニュートラルに事実を確認して終了、という感じ。そうすると、気持ちが全然違います。

もう一つは、自分が長年やめられないことは、「わざと続けてきたこと」なのだということです。あなたが長年やめられないと思ってきたことは、「頑張って続けてきた」ことです。

「人見知りな自分を頑張って続けてきた」
「しゃべれない自分も頑張って続けてきた」
そんな自分を「ああ、よく頑張ったな」と一回、認めてあげてください。

それから、最後まで**「勝手にあきらめない」**ようにすること。そして勝手に「絶対にムリ」と言わないこと。

実際にトライしてみて、最終的に「ああ、ムリだったな」と思うのはいいですが、取り組む前から「絶対にムリ」と決めてしまうのは、もったいない。

この本を読んでいるということは、思い切って「今まで怖くてできなかったこと」をやってみるときがきている、という**自分の心からのお告げ**なのかもしれません。

だってほら、ここまで読み「続け」られた。

20

「いつか」じゃなくて、「今」やろう

「いつかセミナーに行きたいです」

「いつか会いに行きたいです」

と、たくさんの方から言っていただきます。とっても、うれしいです。

そして、何年も前から言ってくれていて、ずっと会ってない人もいるし、ちょっと前に僕のことを知って、すぐに遠くから何時間もかけて来てくれた人もいます。

そこには、どんな違いがあるんだろう。

ほかにも、

- やせてから、泳ぎに行こう、とか
- 元気になれたら、心屋に会いに行こう、とか
- 素敵になってから、美容室に行こう、とか
- 健康になってから、健康診断を受けよう、とか

逆、やでーーーーーーーー!!!

- お金が入ったら、セミナーに行こう、とか
- 結婚したら、同窓会に行こう、とか

逆、やでーーーーーーーー!!!

- 泳げるようになったら、海に行こう、とか
- 字がきれいに書けるようになったら、書道を習おう、とか
- 体が柔らかくなったら、ヨガに通おう、とか

○実力がついたら、起業しよう、とか

逆、やでーーーーーーーーー!!!!

その恥ずかしい状態で、そのカッコ悪い状態で、そのお金がない状態で、時間もない状態で飛び込むからこそ、すべてが変わるんだ。

「できるようになってから行く」のではなく、「行ったから、できるようになる」んだ。

自分のできない姿、自分の情けない姿、それをさらけ出す、つまり**「大損」する覚悟ができて初めて、人生は一歩前に!!!** 進むんです。

それを〝気にしている〟のは、あなただけ!?

たとえば、前述した通り、僕は、あるときからスタイリストにお世話になっています。

それまで、自分の服装にまったく自信がなかったから、思い切ってお願いしました。

けれど、初めてそのスタイリストさんに会うときに「何、着ていけばいいんだろう?」と緊張してしまって、なかなか服装が決められませんでした。

その後も、定期的に会っていますが、最初の頃は、その都度、着ていく服に悩んだものでした。

でも、その情けない思いを経験したからこそ、今、テレビに映っても恥ずかしくない自分がいるのだと思っています。

別の例をあげます。

恥ずかしい話ですが、僕は以前、水虫になったことがありました。

いろんな市販の薬を試したり、温泉につけてみたり、竹炭を使ってみたり、いろんなことをしましたが、治りませんでした。人知れず努力していました。でも、ずっと治らない。

意を決して、皮膚科に行きました。そこでもらった薬で、一日で治りました。以来、再発していません。
「今までの苦労は何だったんだ！　もっと早く行けばよかった……」と思ったものです。
そう、患部を見られること、水虫になるようなやつだと思われることが、恥ず
かしくて怖かったのです。
病院の受付や、看護師さんがきれいな女の人だったら恥ずかしいな、とか。そ
んな、いらんこと考えて一歩が踏み出せなかった。
病院に行くことも、初めての学びも、みんな同じでしょう。
「痔」になった。「性病」にかかった。そんなのも、きっと医者に行くのは、と
っても恥ずかしい。看護師さんがかわいかったらどうしよう（↑これぱっかり）。
でも、先方は、毎日そんな人ばかり見てるんですよね。

だから、「いつか」じゃなくて、「今」、やろう。

絶対にできない、は
絶対にないから。
勝手にあきらめたら
あかんよ

Lesson 5

「そうか、このために生まれてきたのか！」

――自分の「使命・天命・天職」を見つけるために

21

〝自分のお役目〟に気づくヒント

この章では、自分の**「使命」**や**「天命」**について考えてみたいと思います。

あなたは一体、何を成し遂げるために、この世に生を享《う》けたのでしょうか。自分に与えられた役割、果たすべき仕事について、何か深い確信のようなものがあるでしょうか。

もしかしたら雷に打たれたように、いつか突然、その〝使命〟に気づく日がくるのかもしれません。

そこでまず、何かヒントになるかもしれないので、僕自身が「天命に気づいた」ときの話をしてみたいと思います。

◎僕たちは「人生計画」を持って生まれてくる

十九年間お世話になった会社をやめて、この仕事を始めた頃の僕は、まだ「自分の使命」が何なのか、よくわかっていませんでした。

それが数年前に、自分の使命はこうなんだと、ハッキリ自覚した出来事がありました。それを体験してから、カウンセリングやセミナーに来てくれた人を見ていると、「この人の使命は、ここにある」ということまで、わかるようになってきたのです。

僕自身は、いわゆる霊能力というものは一切ありませんが、「前世」があるということ、つまり今の人生を生きる前にも、他の人生を生きていた、ということを信じています。

人の前世や魂の記憶を読み取れるスピリチュアルな能力を持つ友人によると、人は死ぬと、〝魂の一時保管場所〟に行くそうです。そして、もう一度、この世でいろいろな経験をしたいと思ったとき、また「現世」に下りてくるそうです。

下りてくるときには、「次に生まれてきたら、これをしよう、あれもしよう」と計画して、ピューッとお母さんのお腹に飛び込みます。そして、お母さんのお腹の中から出た瞬間に、その計画を忘れてしまうのだそうです。

「誕生日」と「名前」に込められた暗号

そこで僕は、はたと思いつきました。生まれてくるときに、この〝魂の記憶〟を忘れてしまうからこそ、僕たちはどこかで思い出せるように**「仕掛け」**をしてくるのではないか、と。

その一つ目が、**誕生日**です。

占いの本などで、自分の宿命や運命、性格、長所・短所、向いている職業などについて書かれた文章を読んでいて、何か「心の琴線」に触れる一文があったりして、「あ、思い出した」ということがあるのではないかと思います。

もう一つが**「名前」**です。

自分の名前に、自分の使命や課題を「暗号」のように、しのばせておく。そして、「自分の名前は、こんなふうにつけてね」と、どこかから親にメッセージを送っているのではないか。

心屋仁之助というのは、僕の本名ではありませんが、この名前の中に、自分の使命がしっかりと刻印されていました。つまり、はからずも、自分の使命の通りの名前をつけていました。

この仕事をするにあたって、メールマガジンで名前の案を募集して、試行錯誤の中で当時の師匠につけてもらったのですが、この名前にも、実は意味があったのです。

この名前には、僕の本名の一文字もしっかり入っています。偶然なのですが、より大きな観点から見たら「必然」だったのかもしれません。

◎「占い」を信じると人生に面白い展開が!?

そのようにして、僕らは「この世」に仕掛けをおいているのです。その仕掛けに気づいてくれるのを、魂は待っているのです。

実際、占いの多くは「誕生日」や「名前」から運命や宿命を割り出します。

みんな、どこかでは「自分の使命」を知っているのです。

そして、自分の生まれてきた意味をピカッと思い出せるように、そのサインを思いもかけないところに仕掛けています。

だから、**「占い」を信じると人生に面白い展開がある**と思います。


そして、自分の使命、課題を知る「仕掛け」のもう一つが**「結婚」**です。

結婚する、しないといったことはもちろんですが、結婚することで何と向き合うか――嫁姑問題、子育ての問題、夫婦のコミュニケーション不全、家計の問題――何にせよ、自分で「仕掛け」をしているのです。

特に、僕は**「自分が切り離した自分」を自分の中に取り戻すために、結婚が用意されている**と思っています。

親や自分、パートナーを受け入れたり、許したりしていく過程で、僕たちは学ぶべき課題をクリアしていっているのです。

22

「ふと思った」ことを大切にする

自分の使命に気づくためには、**「ひらめき」**や**「ふと思ったこと」**に敏感になり、それを大事にしていくことが、近道になるように感じます。

実際、僕の知り合いの「人生がうまくいっていて、楽しく幸せそうに生きている人」は、皆、**「ふと思ったら、即行動」**みたいな人が多いです。

電車に乗っていて、ふと目にとまった広告、耳にしたフレーズに何かひっかかるものがあり、それを調べていったら、新しい仕事のネタを思いついた、といった具合です。

「ひらめき」や「ふと思ったこと」を実行に移すのには、結構、勇気がいります。

「こんなことを言っていいのかな。今言っていいのかな」と、思うでしょう。でも、「ふと思ったこと」を実行に移せば移すほど、人生は確実に面白い方向に運ばれていきます。

ふと「あの人どうしているかな」と思ったときに、メールを送る。話していて、ふと「犬」と思ったら「犬」と言う。ぜひ、あなたも今日から試してください。

〝ひらめき〟を逃さないクセをつける

僕はカウンセリングをしながら、「ふと思い浮かんだことを言う」ということを、実は結構やっています。

たとえば、ある人のカウンセリングをしていて、ふと相手の顔を見た瞬間に「クロワッサン」と頭に浮かんだことがありました。

そこで、何の脈絡もないのに、

「クロワッサン、食べられる？」

と聞いてみました。すると、

「いや、私はクロワッサンが嫌いなんです」

とのこと。

「なんで?」

「子どもの頃、朝ご飯がクロワッサンばかりで、それでイヤになりました」

と、話がつながり、そこからクライアントの悩みの本質をつかめたりすることが結構あるのです。

だから、「ふと思った」「何だか知らないけど気になる」ことを、きちんと口に出す。行動に移す。

そういう **〝ひらめき〟を逃さない「クセ」をつける**と、どんどんいい方向に流れがいくと思っています。

「ふと思ったこと」をやる勇気を、ぜひ持ってほしいと思います。

23

「大丈夫だよ、今はまだ、途中だから」

カウンセリングをしていると、クライアントは自分の苦しい心情を僕にもらします。

彼ら、彼女たちの苦しみを見ながら、いつも思うこと。

それはもちろん、「頑張れよ」ということなのですが、同時に**「絶対、大丈夫だから」**と思うのです。

どういうことかというと、**「今はまだ、途中だから、大丈夫」**ということです。

今、どんなにつらいこと、胸がはりさけそうな思いを抱えていたとしても、それは、自分の課題・使命をクリアしている途中なのです。

このことについて、少し書いてみたいと思います。

◎「いいこと」「悪いこと」両方あるから人生は面白い

僕は昭和三十九年に生まれました。田舎で十八歳まで過ごし、大学進学を機に大阪まで出て、そのまま大手の運送会社に就職しました。

その頃は、心の世界についてはまったく知らず、自分の使命が何かなんて、そもそも考えたこともありませんでした。

仕事をしていると、「いいこと」もあれば「悪いこと」もあって、うなぎがクネクネと身をよじらせて進むような感じで、人生は進んでいきます。

それなりに充実していて、得がたい経験もいっぱいできたのですが、今思い返すと「あの頃は鬱《うつ》だったのではないか」と思うようなときもありました。

一番、仕事の調子がよかったときに、西宮のほうにマンションを買ったのですが、そのマンションの十一階から階下をじっと見ていた時期がありました。

後から思うと怖いのですが、

「ここから飛び降りたら、ブチュッとなるかな」

なんて考えていた時期もありました。

その頃は苦しかった。苦しかったのは、「本当の自分」から離れたところで頑張っていたから、**「本当の自分」に戻りたいというサイン**を心が送っていたのでしょう。

今この仕事を始めて、ありがたいことに自分では「天職」だと思えます。

でも「天職」と思えるのは、前職での経験、つまり本当の自分を抑えたところで頑張りすぎていたこと、だから自分を認められなかったこと、スネて斜に構えていたことなどの「途中・過程」があったからこそだと思っています。

だから、繰り返します。

今、つらいことがあっても、「大丈夫、今はまだ、途中だから」。

24
「経験すること」のすべてが〝天職〟への布石

僕は今、カウンセリングのほかにも、セミナー、イベント、スクール、執筆、書道と、いろいろな活動をしています。

僕はこうした活動をするのが、まったく苦痛ではありません。どうしてかというと、前職で全部やっていたことだからです。

たとえば、カウンセリングは、前職で管理職をしていたので、部下の話をよく聞いていたし、彼らの問題解決の手伝いもしていました。

セミナーやイベントについても、前職で数千人が一堂に集まるイベントの指揮をしていたこともありました。

カウンセリングのスクールについても、在籍当時は会社全体の教育マニュアルをつくったり、全国の管理職を集めて社内のセミナー講師をしたりしていました。

本を書くことについては、イベントのお知らせや通知をするときに、文章を結構書いていました。

書道は、祝儀・不祝儀のときには、筆を握っていました。

そんな感じで、「前職」と「今の仕事」をリンクさせているときに、ふと気づきました。つまり、**「人が今やっている仕事」は、将来の天命・天職のための準備なのだなぁ**、と。

どんな経験も「させていただいている」

前職では、全部がうまくいっていたかというと、もちろん、そうではないことも山ほどありました。それこそマンションの十一階から下をじっと見たくなるようなつらい出来事も、いっぱいあったわけです。

でも、そこで頑張ってきたから、その苦しんだことさえも今の仕事に全部役立っているのです。

　これに気がついた瞬間、笑いがこみあげてきました。

「自分が気づこうが気づくまいが、僕たちは生きていく中で、ある経験、お役目をさせられているんだ」

　ということを、深いところで感じたのです。

「させられている」というのは言葉が悪いので、最近では**「させていただいている」**と言葉を換えました。


天命・天職・使命は、今、取り組んでいる最中です。完成形ではありません。

今、まさに、ずっとつくり続けている最中なのです。

目の前に次々とやってくることに対して、たまに逃げる、たまにチャレンジする、たまに淡々とやり続ける。

　こういうことが全部、天職につながっているのだなぁと、最近、つくづくと感じるわけです。

25
「絶望する」と天命に気づく!?

天命・天職・使命をハッキリ知るために、一つぜひおすすめしたいのが、**「絶望」体験**です。つまり、手にしていたものを全部なくすのです。

「もうダメだ」と絶望したとき、何もかもを失ったとき、「自分には、こんな天命・天職・使命があったんだ」と気がつきます。

一度、死ぬぐらい相手のことを憎んで、死ぬぐらい自分のことを嫌いになって、「ああ」と絶望して、初めて天命・天職・使命が見えてくる、ということです。

さて、「溺れる者は、藁《わら》をもつかむ」と言いますが、足がつくところでも溺れる人は溺れます。心の悩みも同じように思います。落ち着いて対処すればきちんと解決できるのに、一人でパニックになっている。

「足は、つくよ。もうついているよ」

カウンセリングで、いつも僕はこういうことを言っています。

手と足を止めて（あれこれ心配する思考を止めて）、波の流れに任せたら（あきらめて状況を受け入れたら）、波に打ち上げられるから（解決策が見つかるから）、手と足を止めろ（あきらめなされ。ムダな抵抗はやめなされ）と。

でも、相手は「手と足を止めたら死んでしまう〜」と言うわけです。

「戦うな、ムダな抵抗をするな」

という僕の真意が本当に相手に伝わるのは、その人が海水をいっぱい飲んで、鼻に水が入って、「痛い、苦しい、もうダメだ‼」となり、すべてをあきらめたときです。このとき、初めて彼らは「あれ⁉　体が浮いている‼」と気づきます。

そして、波によって安全な砂浜に打ち上げられます。

○「夜明け前」が一番暗いのです

「もうダメだ」

と一回絶望してください。

もし、あなたがすでに絶望した経験があるならば、おめでとうございます！

あなたには、もう「夜明け」がきています。

「絶望してはダメだ」というのが常識ですが、絶望するのは、意外に悪くありません。この際、〝絶望の食わず嫌い〟を直して、新たな境地に到達してください。

「戦後の焼け野原現象」と僕は言っていますが、何もなくなれば、新しい建物や都市はつくりやすかったりします。さら地だからこそ、まっさらな状態で一から計画し、思い通りに仕上げることができます。

一度、絶望して、すべてを失ってしまったら、焼け野原になったら、初めてそこに、一つの「芽」が顔を出すのです。

今まで気づかなかった自分の能力や才能、使命が、です。

「ああ、これが残ったんだ」

そして、失うものがないから、もう怖くありません。

だから、絶望をぜひ体験してください。

絶望すると、ほどなく明るくて、かつ深みのある**「いい顔」**が手に入ります。

26

「薄々、思っていること」は、大抵当たっている

僕の知り合いに、霊能者がいます。この方は以前、「宝探し」という少し面白いイベントをよくやっていました。どういうものかというと、自分の前世の遺物が現代に残っていて、それを探しに行くというものです。

「前世の自分」は「今世の自分」に、何かしらのメッセージを残していることがあるそうです。

※ここから先の話は、信じなくて結構です。

そういう話をして盛り上がっていたときに、

「仁さんにも宝があるよ」

と言われました。

「何があるの？」

と聞くと、

「〝書〟のようなものがあるよ」

と言うのです。長い紙のようなものに字が書いてあって、それが、とある県の、とある神社がある山に埋まっているということでした。

「じゃあ、それを探しに行こう」ということになりました。

　ここから先は詳しくは言えませんが、実際に彼と一緒に、道案内をしてもらいながら、その山に登り、神社を見つけ、ある木の下を掘ると、そこからなんと掛け軸を巻いたものが出てきたのです。

　町に出て、公園で掛け軸を広げて見てみると、そこにはある偉人のサイン（花《か》押《おう》）がありました。

僕の前世を生きていた人は、その付近で船をつくっていたそうです。

仕事が終わると、近くの町で飲んでいましたが、そこに、偶然その偉人がよく来ていて、お互いの身分を知らないまま、二人は飲み友だちになっていたらしいのです。

そして別れる際に、僕の前世の人は、この掛け軸をもらったのだということでした。

この掛け軸に何が書いてあるかというと、
「夫子道忠恕而巳」（夫子《ふうし》の道は忠恕《ちゅうじょ》のみ）
です。
この言葉の意味を後で知って、鳥肌が立ちました。
これは『論語』からの一節です。
夫子は孔子のこと。
孔子の弟子が、孔子に聞いたのです。
「孔子先生、いつもどんなことに気をつけているのですか」

孔子が言いました。

「忠恕だけだよ」

つまり、孔子の生きる道は、忠恕のみ（だけ）。

この「忠恕」という言葉ですが、漢字一文字であらわすと、**「仁」**です。仁とは、「思いやり」と「慈しみ」、つまり**「慈悲」**です。

この掛け軸は、今、僕のカウンセリングルームに飾ってあります。そして、これが見える位置に僕は座っています。

「忠恕」を大事にするために生まれてきて、その大切さを伝えるのが僕の使命です。

というのも、掛け軸は僕の前世の人が亡くなるときに、偉人からもらった大切なものだからと、子孫に託していったものの、その思いがうまく伝わらずに、どこかに消えてしまいました。

それを僕の前世の人は、残念がったらしいのです。

「すごく残念だな。よし、次に生まれてくるときは、人に物事をわかりやすく伝える方法を自分で持って生まれてこよう」

と思ったのです。

つまり、自分の伝え方が悪かったから、子どもたちは掛け軸の言葉の意味がまったくわからず、大事にしてくれなかったというわけです。

この解説を彼から聞いたときには、心底ビックリしました。

「人に物事をわかりやすく伝える一番いい方法」は何だろうかと、考えた——それは、**たとえ話**です。

つまり、エピソードを交えながら伝えるのが一番伝わりやすい。

僕は「たとえ話」をするために、この世に生まれてきたらしい。

実際、僕はブログでも本でも、ものを書くときに常に心がけているのは、「たとえ話」を必ず入れて、楽しく書いて人に伝えること。

まさに「前世の自分」から託されたことを、知らないうちに実践していたのです。

◎「ああ、やっぱりか」「そうじゃないかと思っていた」

自分の「使命」に気づいたときに、その人の口からかなり高い確率で出てくる言葉があります。それが、

「ああ、やっぱりか」

です。加えて、

「そうじゃないかと思っていたんだ」

というのが出ると思います。

あなたが「薄々思っていること」は、当たっていることが多いのです。

だから、いろいろなところで自分の名前を調べてみてください。そこに、皆さんは自分でヒントを入れています。

自分の名前の中には、絶対にいろんな意味が入っています。

お父さん、お母さんがいろいろな思いを込めて、「こんな子になってほしい」

とつけてくれたと思います。

僕以外に、この「仁」という字がついている人は、家系の中にはいません。僕も、もともとは、まったく違う名前になるところでした。きっと僕が、その「仁」を入れ「させた」のでしょう。

そのように、自分の名前をよく見てみると、「使命」というものが入っています。

生まれてから今まで、何回、自分の名前を書いたでしょうか。数え切れないほど書いたでしょう。

こんなに繰り返すことは多分、ほかにはないと思います。つまり、あなたは今まで自分の使命を何度も何度も、なぞっていたのです。

おめでとうございます。

あなたは「自分の使命（氏名）」の中で生きています。

思いつきで
行動しよう

Lesson 6

迷ったら、どっちを選ぶ？

——あえて「苦難」にチャレンジしてみる

あっち
こっち

27
人生の「ターニングポイント」を自分でつくる法

自分の「居心地のいい場所」から飛び出して、「初めての場所」「新しい場所」に行くのは、ちょっと勇気がいるし、ちょっとしたストレスです。

飛び込んだ後も、

「ああ、思い切って、こっちに行くって決めてよかったな」

「やっぱり、行かなければよかったな……」

と、いろいろな思いが湧いてくると思います。

つまり、新しいことを始めたり、新しい環境に入っていくのは、「プチ苦難」といえるかもしれません。

この章では、自分らしく生きるために、そして本当の自分に出会うために、**「あえて苦難を選ぶ」**というテーマについて考えていきます。

人によって、「苦難」というもののイメージは違いますが、厳しいことに挑む、つらいことに挑むという印象を多くの人が持つと思います。

以前、京都で座禅会を交えたセミナーをしたときに、「私はずっと苦難の人生を選んできたのですが……」という人がいました。

「仕事やクラブ活動など、すべてにおいて頑張ってきました。ずっと苦難を選んでいますが、あまり『いいこと』がないんです。どうしたらいいんでしょう」と、その人は話してくれました。矛盾するようですが、その人にとっての「苦難」とは、実は「お気楽に生きて、楽すること」です。

僕の言う苦難とは、「ハードなことをする」という意味ではなく、その人が**「今までやっていなかったことをやる」**ことです。これが、実は「苦難を選ぶ」

ということなのです。

わかりやすく言えば、**「パターンくずし」**です。

○スーパーハードな毎日が〝快感〟に!?

僕自身は、人生の中で「大きな苦難」を選んだことが四回あります。

一つ目が就職のとき。学生時代は大した運動もせず、ただアルバイトをしながら、ダラダラ過ごしていました。

そういう自分が就職活動のときに、非常に男臭くて、〝仕事がキツくて死ぬのではないか〟というスーパーハードな会社をあえて選びました。

どうしてその「苦難」を選んだのかというと……お金に目が眩《くら》んだからです(笑)。

当時の僕は、旅行会社に就職したいと思っていました。しかし、ことごとく試験に落ちて、途方に暮れていました。そこで就職情報誌を見ていたら、佐川急便のところに、「初任給二十七万円」と書いてありました。当時、一番大きい旅行会社のＪＴＢで初任給は十四万円くらいでしたから、破格の給料です。

その年は、佐川急便が初めて新卒を採り始めた年にあたるのですが、「よし、ここに一度飛び込んでみよう」と思って入社したら、本当に苦難でした（笑）。

たとえば、新人研修は、朝から晩まで筋トレばかりでした。

「スクワット、今日は千回」と言われたり。

研修が終わって、学生時代の仲間と久しぶりに海に行ったら、仲間がビックリしました。

「お前どうしたんや？」

「え、何がや？」

「お前、体の形が変わってるぞ」

こんな会社に十九年いましたから、しだいに〝苦難慣れ〟してしまいました。

苦難がずっと続くと、基本的にナチュラルハイになります。なぜか楽しくなります。

〝苦難に立ち向かっている自分〟が好きになる。

そういう変な世界にしばらくいました。

これが、僕が人生の中で最初に選んだ苦難です。

◎「絶対ムリ」がひっくり返る不思議

二つ目が、起業。会社員として結構な給料をいただいていましたが、そこを飛び出して、収入の保証が何もないところに飛び込みました。

三つ目が、起業してしばらくしてから行った座禅です。広島に「丸七日間、座り続ける」という座禅会がありました（これについては、この次の項で詳しく書きます）。

一番最近選んだ苦難が、「断食」です。死ぬのではないかと思いました。実際にフラフラになって、死にかけました。

この四つの「苦難」を選ぶたびに、人生が転換していきました。

苦難を選ぶのは、人生のターニングポイントをつくることだと実感します。特に前職で十九年間取り組んできたことは、僕の人生の中で自信となる一番大きな柱になりました。

そして、苦難を選んだ後に、自分の中に一番「財産」として残ったのが、**ムリだと思っていたことができるとわかったこと**です。

たとえば、あんなにハードな会社で働き続けるなんて、起業なんて、座禅七日間なんて、断食なんて、「絶対ムリ」だと思っていました。

ムリと思っていたところに、ピョコッと飛び込んでやってみたら、人生が全部いいほうに転んでいったのです。

あえて**苦難に挑むことで、人生がいいほうへ転ぶ**のではないかと思います。

〝しんどいのは百も承知〟で飛び込む

しんどいことに「巻き込まれた」のではなく、「あえて挑んだ」という経験、あなたにはあるでしょうか。

知らずに飛び込んで、「結果として苦難だった」のではなく、しんどくなるのは百も承知の上で挑んだことです。

あえて修行に行った。あえて何かにチャレンジしてみた。あえて苦しいなと思うところに飛び込んだ。そんな経験を思い出してみてください。

セミナーでは、次のような声が上がりました。

「小学生のとき、ピアノのコンクールに出ました。少なくとも一日二〜三時間は練習しなければなりませんが、四年生から六年生まで出続けました」

「前職で、海外赴任でベルギーに行きました。英語が全然通じず、フランス語と私にはちんぷんかんぷんのオランダ語が使われていましたが、現地に行ったら、何とかなりました」

麦と一緒で、人は踏まれると強くなります。自分の中に自信や「芯」ができますし、何よりも**自分の「可能性」を信じられる**ようになります。

「ムリだ」「できないかもしれない」と思っていたこと、「あきらめていたこと」ができたら、自分の能力と可能性を信じられるようになります。

この章では、**自分の〝避けていたもの〟と向かい合うこと**をテーマにしたいと思います。

28

心に〝仮面〟を被っているから苦しくなる

さて、先ほど書いた「七日間の座禅体験」について書いていきます。

この座禅道場（少林窟道場《しょうりんくつどうじょう》）は少し変わっていて、座禅を組まなくてもいいし、イスに座っていてもいいという自由なスタイルでした。

実は、座禅をずっと続けているお坊さんの中には、腰を悪くする人も多いらしく、そうなっては座禅をする本来の目的からずれてしまうので、「自由なスタイル」を取っているとのことでした。

京都の建仁寺《けんにんじ》　両足院《りょうそくいん》の副住職も言っておられたのですが、「座禅をするとは、我慢することではない」。

つまり、座禅の目的は別にあるということです。

それは何かと言えば、**「自分の中に入っていくこと」**です。

ですから、そこの座禅道場では、どんなスタイルで座っていてもいい。「自分が自分を見つめられる座り方をしていればいい」ということでした。

繰り返しますが、僕は最初、「自分が座禅をするなんて絶対にムリ」と思っていました。なぜかというと、落ち着きがない性格だからです。

子どもの頃から「落ち着きのない子どもだ」と、ずっと言われ続けてきましたから、「何もせずに、じっと座っている」ことなどあり得ないことだったのです。

苦しくて苦しくて、最初の二〜三日は本当に苦行でした。

「なぜ、こんなところに来てしまったのか」と思いました。

座禅の道場では、ずっと遠くのほうにあった緑の生け垣をじっと見ながら、とにかく座っていました。

すると、その生け垣のところに何かがあったのです。物体があったのではなく、数日間そこに〝何か〟があるのをずっと感じていました。

「何かな、何かな」とずっと考えていて、七日間の座禅が終わって、家に帰って普段通りに生活していたら、あるとき、ふっとわかりました。

「ああ、あれは不動明王だったんだ」

その頃、僕は仏様についての知識が全然なかったのですが、「あそこに見えていたのは不動明王だ」ということが、わかったのです。

「自分は、これでいい」――これは強いよ

その頃の僕は、カウンセラーとして起業してから日も浅く、「カウンセラーとは、こうあるべきだ」というスタイルを自分の中で持っていました。「優しくて、みんなの話をじっくり聞いて、受け入れて」という理想のスタイルです。

しかし、不動明王という仏は、右手に降魔の剣を、左手に羂索《けんじゃく》というロープのようなものを持って、怒った顔をしています。

不動明王は、大日如来《だいにちにょらい》（宇宙と一体と考えられる、真言宗・天台宗など密教の教主）の化身であり、世の中のいろいろな価値観に縛られて動けない人たちのしがらみや煩悩を剣で断ち切って、彼らをロープで縛って連れていくという役割を

与えられています。だから、あえて怒った顔をしているのです。

それまでの僕は、会社員時代の自分の性格（怒りっぽくて激しい、ときに冷たい）も封印して、「怒らない人、優しい人」の仮面を被ってカウンセリングをしていました。

でも、だんだん苦しくなってきていました。そんな仮面を被っているから息ができないのです。

不動明王を見たときに、

「そうか、自分はそれでいいのか」

と思いました。そこから、

「カッコつけない、優しいフリをしない、腹が立ったら怒るスタイルでいいや」

と、開き直ったのです。

そして、僕のカウンセリングの中核にあるものの一つ、**「損してもいい」**という思考が、自分の中で明確にできました。

29
「損」の種をまき続けると、「徳」の花が咲き、「得」の実がなる

どんなことが苦難になるのかは人によって違いますが、ほとんどすべての人に共通する苦難として、**あえて損する**ということがあります。

これまでのカウンセリング経験で強く感じるのですが、生きている中で「自分が好きなこと」「やりたいこと」「自分の生きる道」を見失ってしまったと感じている人が、かなり多くいます。

あなたには、「自分の好きなことは、これ」「自分の道は、これだ」という、明確な何かがありますか?

もし、自分のやりたいことや、進んでいく「道」がわからなくなっているとし

たら――「それは、なぜか」という話をしようと思います。

人が道に迷ってしまう一番の理由は、「学んできたから」です。

一体、何を学んできたのか？

それは、

「自分が傷つかない方法」

です。

自分が怒られない方法、自分が笑われない・ひどい目に遭わない・損しない・悲しい目に遭わない方法をたくさん学んできたのです。

〝かわいこぶりっこ〟で一生を終わっていいの？

自分の道がわからなくなっているのは、「本来進むべき道」ではなく、そのようにして「自分が傷つかない方法」だけを一所懸命に学んできたからです。

それは**世間体**というものであったり、**常識**であったりします。

そういうものをたくさん学んで、**自分の「鎧《よろい》」として身のまわりにたくさんくっつけてきた**のです。

「自分が傷つかない方法」とは、別の言い方をすれば、**「自分が損しない方法」**です。

「損したくない」から、自分が本当にやりたいことから目をそらして、イヤな目に遭わない方法をずっと学んできたのです。だから「好きなこと」ではなく、「できそうなこと」だけを選んできた。

これは、親の性格にも大きな影響を受けていて、「損してもいいよ」という親であれば、子どもが外で傷ついても、失敗しても、黙って見守ってくれます。

でも、親が「損しないように、傷つかないように」という不安に包まれた親であれば、「自分が傷つかない方法」を、子どもにいっぱい教えていきます。

子どもが傷ついたり、ケンカしてきたり、問題を起こしたりすると、自分が面倒だからです。

つまり**「損する」とは、親の教えを破ることでもある**のです。

そして、損しない方法をたくさん学ぶと、何ができあがるか。

「いい人」ができあがります。尖っていない、丸っぽい人ができあがります。

弱い人ぶったり、かわいこぶったり、できる子ぶったりして、世間の波をスルッと抜けようとする。努力なしに、カッコよくスルッと何かを成し遂げたい。

そういう意識が、すごくすごく強くなっていきます。

たとえば、起業して自分で事業を始めていくにも、出版をして本を売っていくにも、「スマートにカッコよく」というのは幻想です。

いつもではないのですが、ときには、**どこかで泥にまみれ、どこかで必死に、どこかでカッコ悪くやっていく必要**があります。

僕もそうですが、「努力せずにスマートにカッコよくやって、うまくいかせたい」と思ってしまうものです。

でも、それをしようとすればするほど、前に進みません。

◯「いい人」から「カッコいい人」に変身！

「あえて損する」ことを思い切って実践すると、何の評価もされないかもしれないし、全然報われないかもしれないし、何の得にもならないかもしれないし、全然結果が出ないかもしれない。

これは、ある種の「苦難」です。

でも、チャレンジしてみると、自分が強くなります。しかも、チャレンジの最中はカッコ悪いこともしなくちゃいけないけれど、その経験によって結果的にカッコよくなる。

「いい人」から「カッコいい人」に変われるのです。

「いい人」は、「どうでもいい人」と言われます。どうせなら、「どうでもいい人」よりは「カッコいい人」になってほしいと思います。

「イヤだな、やりたくないな、面倒くさいな、苦しいだろうな」

そういうことをする、ということです。

今まで、あえて見ないようにしてきたこと――仕事関係、人間関係、ダイエット、家族の問題、お金のこと――を、今ここで書き出してみてください。

「無意識のうちにすごく避けているよな」というものを思い出してください。

あなたにも「人生の課題」として、必ず一つや二つはあると思います。

そのことと、がっぷり四つに組む。そんな経験がある人ほど、**突き抜けた、いい笑顔が手に入る**のではないかなぁと思うのです。

そんな**「損」という種**をまき続ければ、やがて必ず**「徳」という花**が咲き、**「得」の実**がなるのだと思います。

30
苦難の最高峰!?「家族」という現実に立ち向かう法

実は、僕が実例としてあげた仕事や断食といった「苦難」は、割とわかりやすいものでした。でも、そういうものとは比べものにならないくらいの苦難が、実は人生にはあります。

それが**人間関係の苦難**です。その中でも最高に苦しいのが**家族関係の苦難**です。今まできちんと向かい合ってこなかった親との関係。今まで何とかスルーしてきた夫や妻との関係。今まで忙しくて、時間をつくってあげられなかった子どもとの関係。

そんな「家族関係の苦難」に向き合うと、まるで身を削られるような思いを感じてしまう人も多いのではないでしょうか。

今まで目をそむけてきた。今まで触らないようにしてきた。「面倒くさい」と、やりすごしてきた。あたかもそんな問題は「存在しない」かのように、「なかったこと」として振る舞ってきた。ときに「仲のいいフリ」でかわしてきたこと。

そうした「見たくない人間関係の現実」に立ち向かっていくと、自分の中に「本当の強さ」ができあがります。

そして自分の中に「本当の強さ」ができるとは、表現を変えると**「自分の中の甘えや逃げを断ち切る」**ということだと、教えてもらいました。

目をそむけていると、後からドカーンとくるよ

向かい合わなければいけないことを、僕の言葉で表現すると**「面倒くさいこと」**に集約されます。

「面倒くさいな。話し合わないといけないのか」

「許さないといけないのか」

「やらないといけないのか。面倒くさいな、イヤだな」

「そのために時間を取らないといけないのか。面倒くさいな」

という言葉で表現されるようなことです。

結構イヤな思いをするとわかっているし、うまくいかない可能性はかなり高そうだし、悲しい気分や怒りも湧いてくるかもしれない。

「できない自分・ダメな自分」を思い知らされるかもしれない。

そういう苦難や面倒くさいこと。親の将来のこと。子どもの進路のこと。

特に男性は面倒くさいとき、「お前がちゃんとしておけよ」と奥さんに任せてしまったりします。

奥さんも、そのことを旦那さんに相談するのがイヤだから、避けてきた。そして、最後に旦那さんが「どうして言わなかったんだ」となったりするわけです。

避けてくると、最後にドーンと、離婚とか、子どもの不登校とかいった「大きな問題」となって現われます。

誰にとっても、家族の問題は面倒くさい。何の問題もない家族なんて、幻想なのです。だから、目の前の親、夫、妻、子どもにしっかりと向かい合う覚悟が必要ではないかと思います。

◎「やってみようかな」のひと言で自分の背中を押す

つまり、本当の意味の「苦難」とは、「座禅」を組むとか、暑い中でマラソンをするといった肉体的なものではなく、**心の苦難**なのです。

長い間連絡していない「あの人」に連絡を取る。「あの人」の本当の気持ちを確かめる。「言いにくいこと」「言えなかったこと」を勇気を出して言う。

そういう苦難です。それを、どうか「やってみようかな」と思ってみてほしい。

手始めに、まず、

「やってみようかな」

と口に出してみてください。その後に、

「ああ、面倒くさいな」

「ああ、やりたくないな」

「ああ、イヤだな」

と本音をまた口にしてみます。

「やろうかな。でも、やりたくないな。何とか、寝ている間にスルッとうまく解決しないかな。ダメだよな」

「ああ、やろうかな。やっぱりイヤだな。ああ、でもやろう。絶対にやる。絶対にやってやるんだ」

こんなふうに口に出してみると、気持ちにも不思議と変化が生まれます。

「やってみようかな。でも、面倒くさいな」

と思うことをやってほしいと思います。

すると、本当の意味での**強さ（自分への愛情）**が手に入ります。

◎「逃げたい！」と思ったときほどガッツリ「向かい合う」

僕の中でも、ずっと逃げ続けてきたことがあって、何とかうまく切り抜けられないかな、何とか誰かが解決してくれないかな、何とかイヤな思いをせずに済ませられないかなと、甘い考えを抱いていたことがありました。

でも、とうとう逃げられなくなって、腹をくくって向かい合ったとき、その瞬間に、その問題は消えたのです。

だから、**追い詰められて、逃げたいと思ったときほど、「向かい合う」ことを心がける**といいのかなと思います。


ここで必要になってくる言葉が、根気と忍耐です。

「努力、根気、忍耐」

結局、この言葉が最終的には「自分を強くする」ための大きなキーワードであり、自分の「道」をつくってくれるものかなと思っています。

「苦しいけれども、やらないといけない」ことに取り組むことによって、人間に深みと幅が生まれるのです。

それは、両足を踏ん張って、やってくるであろう嵐と向かい合う覚悟です。

「腹をくくる」という決意、どんなイヤな出来事、逃げ続けてきたことが再びやってきたとしても受け止める覚悟ができると、人生なんて簡単に変わるのかもしれませんね。

31

「嵐を呼ぶ男（女）」になってみる

「これまで省みてこなかったこと」に勇気、根気、忍耐、努力を総動員して向き合おうとすると、絶対に**嵐**がきます。

たとえば、「お酒をやめよう」と思った次の日に、飲み会が入る。
「今日からジョギングをしよう」と思った翌日に、雨が降る。
「もう浮気はやめよう」と思った次の日、いい男に誘われる。
このように、何かと向き合う決心をすると、そこに絶対、**邪魔が入る**のです。
嵐がくるのです。
そこを乗り切るのは、本当に気合いと根性、忍耐、踏ん張り——これしかありません。

文字通り、**地に足のついた力**ということになります。自分の決心を揺さぶる嵐がきたら、「グッと踏ん張る」決意を今日してほしいのです。

◎「やると決めたらできる」

そのとき役に立つ言葉が、

「やると決めたらできる」

です。多くの人が「どうせ自分には、～できない」と言うのは「やるんだ！」と自分で決めないからです。

成功者はよく言います。

「やると決めたらできる。自分を信じて」

彼らには**「最終的には、結局、そこにいく」**ということが、わかっています。

そのルートを通ったことがない人は「うーん、そうなの？」と首をひねるでしょうが、〝苦難のルート〟を自分の足でしっかり歩いてきた人は、「自分がやると決めたら、できるんだ」ということが、経験からもわかっているのです。

「あなたにはできるから、自分を信じて頑張って」

「絶対、あなたはそれを乗り越えられるから、自分のことを信じて頑張って。勝手にあきらめないで。絶対に乗り越えられるから」

僕からのプレゼントとしても、

「あなたには、できる」

という言葉以上のものはないと思っています。

「問題」には必ず〝答え〟が用意されている

「悩みがある」とは、「自分には、まだできることがある。乗り越えられることがある」ということです。

「問題」が生まれた時点で、実はもう「答え」はあるのです。言葉を換えると

「答え」を見つけるために、「問題」がつくられます。

学校の先生が生徒に何か問題を出すのは、「答え」を探す努力をさせる、工夫をさせるためですが、人生の問題、悩みもまったく同じなのです。

もし、あなたが今、何か問題に直面して苦しんでいたり、壁にぶち当たっているのなら、「答え」があると信じて、その問題を一所懸命に解こうとしてみてください。

つまり「問題から逆算して、そもそもの答えを見つける」のです。

面白いことに、**その問題を解くための参考書は、自分のまわりに死ぬほどあります。**

まわりはヒントだらけです。

「あの人の言葉に『答え』が書いてあった」

「そういえば昨日、あの人は『答え』を言っていた」

こうしたことに、皆さん、だいたい答えが見つかってから気がつきます。

○「そうか、あれが答えだったんだ」

「そうか、あれが答えだったんだ」

という言葉が口をついて出てくるということは、僕らはずっと「答え」を見ながら暮らしているということです。

だから、今自分のまわりの人が言っている言葉によく耳を傾けて、「あの人は答えを言っているのではないか」という意識を持って耳を傾けていくと、「ハッ」と息が止まるくらい、大切な何かに気づけるかもしれません。

時間もかかるし、忍耐も努力も根気も必要だし、一銭の得にもならないし、面倒くさいし、「今やらなくても、いいのでは」とも思える。でも、「実はずっと気になっていること」。

その「答え」は皆さんの横にあるのです。自分にはその問題が解けるのだと信じてぜひ挑戦してみてください。

これが「あえて苦難に挑む」ということです。

32 心を整える「座禅」のすすめ

僕は座禅のスペシャリストではありませんが、「マニア」です。これまで、いろいろな人に〝座禅のコツ〟を聞いてきました。そこで、この章の最後に、誰でも今すぐできる座禅の方法をご紹介します。

まず大切なのは、**「我慢しない」**こと。

これは、前述の建仁寺両足院の副住職から話を聞いて面白いと思いました。

それから**「形にこだわらない」**ことです。

座り方、手の組み方など〝作法〟にこだわりすぎる、つまり、「ハウツーにこだわりすぎる」と、本質を見失います。〝ゆるゆる〟でいきましょう。

それから、**「姿勢をきちんとする」**と、心が整ってきます。

上体が揺れようがどうしようが、下半身がきちんとしていれば大丈夫です。木も根っこがしっかりしていれば、風で葉や枝が揺れても、どっしりと立っていられます。

そのために、座禅をするときは、おへそから下の下半身に自分の意識を集中していきます。

座禅の途中、警策《けいさく》という木の棒で叩いてもらいますが、それは座禅をしていると、どうしても雑念が頭にのぼってきます。このとき、警策で叩いてもらうことで、意識をストンとまた下に落とします。

足を組む、組まないはお好みです。背筋を伸ばしすぎず、自分が楽に座っていられる姿勢を、首や肩を揺らしながらつくってみてください。

僕も、毎朝家で座禅をしています。

スマホを持っている人は、座禅のアプリもあるので試してみるといいかもしれません。時間も測ってくれるし、座り方も教えてくれます。

座禅や瞑想をする時間を毎日取れるような生活はいいですね。

「日曜日の午後は、何も予定がないから座禅をする」

それでもいいと思います。

何も用事がないから、**「自分の心をじっと見つめる時間をあえて取る」**のです。

〝雑念〟をスッと流していく練習

座禅をしながら、「無」になる。それが最終的な目標です。

といっても、いきなりは難しいでしょう（そもそも、できるのか？）。

ですから、自分の頭の中に考えが浮かんだら、やりすごす練習をします。イメージとしては、F1のマシンが走り去っていくのを眺めるような感じです。

「昨日、あの人にあんなことを言われたな……」

「明日どうしようかな、今日何を食べようかな、今夜何をやろうかな……」

そんな雑念を、スッと流していく練習です。

言い換えれば、一つひとつに反応しないで受け入れていく、ということですね。

僕たちは生きていると、目と耳と鼻と口と皮膚、そんな器官・神経から、外部情報を絶えず取り入れています。

これによって、「今、ここ、自分」以外のものに意識がどんどん拡散していきます。

暑い・寒い、痛い・痛くない、快・不快といった感覚や、過去への執着、未来に対する不安などに「気持ち」を、いとも簡単に持っていかれます。

座禅を通して、それらに自分を持っていかれないようにする練習をしてみてください。正座でもいいし、イスにあぐらをかいて後ろにもたれてもいい。

自分の心地いい場所で、心地よく感じる姿勢をつくって、静かに「自分の心の中」に入ってみてください。

そんな時間を、一日に十五分でも持ってみたら、ずいぶんと人生が豊かになると思います。

時には逃げずに腹
を決めて向かい合っ
てみよう

Lesson 7

「これからの自分」の話をしよう

──過去も未来も「今」この瞬間から変えられる

過去

33
「過去」を整理してスッキリしたら、明るい未来が訪れる

この章のテーマは**「これからのことを考える」**です。

そこで、一番最初にしてほしいことは、「これまでのことを考える」ことです。

つまり、自分がどういう生き方をしてきたのかをしっかり振り返って、そこにわだかまり、手放せないネガティブな感情などがあれば、それを**「終わらせる」**ことが必要なのです。

僕らは「過去」からきて、「今」があって、やがて「未来」へ進んでいきます。

過去を振り返ったときに、その過去に暗～い思いを感じるなら、未来にそのエネルギーが持ち越されます。

「あの頃は大変だったな、苦しかったな、つらかったな」
という思いを引きずっているのに、
「きっと未来は明るい！」
と明るい方向に転換することはできないのです。

自分が「明るい未来」を思い描くためには、まず「自分の過去」を明るくすること。つまり、**過去をきちんと片づける**ことです。

押し入れの中に押し込んでいた過去という名のガラクタを捨てて、心を整理して、スッキリきれいにしたら、未来まで勝手にきれいになっていきます。

◎「人生の十大ニュース」を振り返る

「過去を終わらせる」ための、面白い方法があります。

それは、これまでの人生の「十大ニュース」を紙に書いてみること。順位をつけなくても構わないので、書き出してみてください。

「いいこと」も「悪いこと」もあるでしょう。憧れの学校に入れた、好きな人とつき合えた、子どもが生まれた、など。何かをされた、言われた、できなかった、骨を折ったなど、悪いニュースも十大ニュースに入れておいてください。

僕のカウンセリングの一番の特徴は、クライアントに「言葉を口に出して言ってもらう」ことです。

十大ニュースが書けたら、あなたもそれを見ながら、こう言ってみてください。

「ああ〜、いい人生だったな〜……」

いかがでしょう、どんな気分でしょうか。

◯「あの経験のおかげで今が楽しい」

「ああ、つらかったな〜……」
「ああ、思い出深いな〜……」
「もうイヤだな〜……」

「ああ、楽しいな〜……」

本音としては、違う言葉が一番しっくりくるかもしれません。

でも、人生は不思議なもので、今が楽しい人は、過去にどんな悲惨な体験をしていても、

「あの出来事、経験のおかげで今が楽しい」

と言います。

今がつらい人は、過去に宝くじで一億円を当てたことがあったとしても、

「あれのせいで、今がこうなんだわ」

と不平不満を言います。

人間は「今の状態」で過去を判断するのです。

34
人生を大好転させるために必要な五つのこと

それでは、皆さんが「過去を終わらせる」方法、そして「人生がうまくいく」方法を五つお教えします。これは、ここまでに書いてきたことの「まとめ」でもあります。

①スネない

まず、いじけない、強がらない、勝手にあきらめない、ということです。
心がスネてしまうときは、原因が二つあります。
一つ目が「だってあのとき（子どものとき）、○○してくれなかった」。
もう一つが「だってあのとき、××された」。

この二つが基本的にスネの原因です。

要するに、「だって、あのとき、私のことを大事にしてくれなかった」「だって、あのとき、私のことを無視した」「だって、あのとき、私に愛情をくれなかった」という過去を、人はずっと引きずるのです。

それだけです。これを早く終わらせてください。

スネないとは、逆に言うと**「素直になる」**ということです。

「素直になる」とは、**「自分は愛される人間だ」と信じる**ことです。

つまり、ひどいことを言われたり、されたりしたことのある人間だけど、「愛される人間だ」と信じることです。

「大事にしてもらえなかった経験」は確かにあるけれども、「大事にしてもらえる人間」だと信じることです。

これが「素直になる」ということ。

これができると「NO」と言えます。

「助けて」「やりたい」「やりたくない」と言えます。

こうした「あり方 -Being-」に自分を持っていけたら、世界は変わります。

僕もずっと、こういうことは信じられませんでした。

親に冷たくされたこともあるし、仲間外れにされたこともあるし、イヤな目にもいっぱい遭ってきた。

でも、「とにかく信じよう」と決めたら、思ってみたら、自分を取り巻く世界が変わり始めたのです。この変化は、あなたにもきっと起こります。

②ちゃんと言う

「言える」と、「癒える」。

「ああしてほしい、こうしてほしい、これをやめてほしい」

自分が思ったこと、気づいたこと、感じたことを、怖くても、イヤでも、相手にちゃんと伝えてみてください。後からでもいい。

「自分は愛される人間」だと信じられると、自分の気持ちを何でもきちんと言えるようになります。

逆に、「自分は愛される人間」だと信じるためには、「ちゃんと言う」をやってみるしかありません。**「言ってみたら、大丈夫だった」**という体験をすると、自分は言っても大丈夫な人だと思えるようになります。

何をちゃんと言うかというと、基本的には「したい」「したくない」の二つです。ちゃんと「休みたい」と言うのです。「一週間、休みが欲しい」と言うのです。「手伝ってほしい」「給料を上げてほしい」「お茶を汲《く》みたくない」と言うのです。それは、自分が自分の本当の気持ちをわかってあげることなのです。

愛されている人、自分のことを信じている人は、こういうことを言うのは何でもありません。

③パターンをくずす

「今まで自分がやってきたこと」をやめる。「今まで自分がやらなかったこと」をやる。この二つをすると、「これまでの人生のパターン」がくずせます。

今まで自分が「これは、いい」と信じてやってきたことをやめ、「やってはいけない」と思って「やらなかったこと」をやるのです。

つまり、自分が今まで正しいと思っていたことに、一回×をつける。

同時に、今まで×をつけていたものを、実は「あれが正解じゃないか」と自分の価値観をひっくり返してみる。そのことが人生を豊かに面白くするのです。

そう考えると、自分のごくごく身近なところに〝**人生の師匠**〟はいるものです。たとえば、あなたが心の中で「アイツ、ダメだな。なんでアイツは、そういうことをするんだろう」と思っている人を、ぜひ師匠にしてください。

心はどうしても狭いところに縮こまりがちです。それが自分の価値観と正反対の人と一緒にいることで、価値観がふくらむのです。

価値観がふくらむと、外の世界はさらにふくらんでいきます。

内側がカラッポだと、外側もカラッポで、空虚な人生になります。人に好かれたい、営業成績を残したい、実績をつくりたいと一面的な外側の価値観で生きるほど、人生はスカスカのつまらないものになります。

でも、心が充実して内側の価値観が豊かになると、外側に現われてくるものも大きくなります。

そして内面を充実させるのに大切なのが、「自分は愛される存在である」と信じること、そして「家族と向かい合うこと」です。結局、そこに尽きると思います。

④自分を大切にする

人生の二大難題。それが「素直になること」と「自分を大切にすること」。

「自分を大切にする」――言葉で言うのは簡単ですが、いざ実践となると、みんな「ええ？」と言います。

「自分を大切にする」とは、3章でも書きましたが「本当はやめたいのに続けていること」をやめて、「本当はやりたいのに、やっていないこと」をやること。これだけです。

「本当はやめたいのに続けていること」は、たとえば、電車通勤、いい嫁、タバコ、酒、夜遊び、インターネット、不倫、おやつ、結婚生活、白髪染め、資格の勉強、化粧、早起き、炊事・洗濯・片づけ、愛想笑い、髪の毛を巻いて寝る。

「本当はやりたいのに、やっていないこと」は、たとえば、旅に出る、休みを取る、茶髪にする、人に対してイヤと言う、怒る、メールする、スマホに変える、オシャレをする、髪の毛を伸ばす、習い事をする、一人で牛丼屋に行く、スカートをはく、結婚する、離婚する、会社をやめる、起業する、子どもを預けずに家にずっといる、など。

でも、「やりたいことを、実際にやりましょう」と言うと、ほとんどの人がものすごく抵抗します。「時間がないし、お金がない」と言います。時間をつくりたいなら、「本当はやめたいこと」をやめることです。そうすれば、時間ができます。

あなたの「やりたいことリスト」を書き出してみてください。

書くときには、「どうやったら、それができるのか」は度外視してください。方法は考えなくて構いません。

僕も書いてみました。

「もっとカニを食べる、大片づけをする、京都観光をする、旅行のセミナーをする、書道のワークショップをする」

やりたい、食べたい、見たい、習いたい。

自分がやりたいことを禁止している人は、このリストがなかなか出てきません。自分で気づいていないところに制限がたくさんある。そこに気づくと面白い展開が待っています。

そして、「やりたいこと」をやるときのキーワードがあります。

次の「損してもいい」です。

⑤損してもいい

選択肢が二つあって、どちらかを選ばなくてはいけないときは、「損するほう」を選びましょう。

値段が高いほう、割に合わないほう、理不尽なほう、損しそうなほうを選ぶと、最終的に、「絶対に損しない」とわかります。

自分は絶対に愛されていること、自分は絶対に豊かさに守られていることが、損をし始めたとき、初めてわかってきます。

「損したくない、損したくない」と思っているとそのことに気づけません。

「損すること」は、実はものすごく得なことなのです。

僕のセミナーに来た人には、徹底的に損をしてもらいます。ムダなことにお金を使ってもらったり、わざわざ「怒られるようなこと」をしてもらいます。するると、「自分は損しないんだ」とわかる。

「○○すると、損をする」は「幻」なのです。

自分が損するかもしれない、嫌われるかもしれない、負けるかもしれない——全部一緒です。それが「幻」だとわかれば、「自分は愛される存在だ」と信じられるようになります。

すると、自分の気持ちを素直に言えるようになります。家族と向かい合えるようになって、心の空虚感が埋まっていきます。

空虚感が埋まっていくと、不安が消えていきます。不安が消えていくと、自分の未来が明るくなります。

自分の未来が明るくなると、いろいろなことが達成されていきます。「やりたいことリスト」の項目が一つひとつ消えていくのです。

「やりたいこと」をやっている瞬間は、すごく自分を大事にしている瞬間で、自分のことを大事にしている人を神様がいじめるはずはありません。そして、いつも誰かに迷惑をかけているから、「感謝」でいられるのです。

だから、「やりたくないこと」を早くやめて、「やりたいこと」をしてほしいのです。「損してもいい」と思いながら。

お金、時間、人間関係──「損してもいい」と言いつつも、「損したくない」という気持ちは、誰にでもあります。小さなところでは、自分の並んだレジの列の進み具合が遅くて、「時間がかかって損した」みたいな。

でも、そのようにして日々葛藤しながら、楽しんでもらえればと思います。

「損してもいい、損してもいい」と、つぶやきながらいくのです。

自分は愛されて
いるひとなのだと
信じてみるんだ

仁

おわりに――人生を〝お散歩〟するように歩んでいこう

三歩進んで、三歩下がる。

一見すると、一歩も進んでいないように思えるかもしれません。

でも、次に同じ三歩を進んだときに、その三歩が以前より楽に進めるようになっていることに気づきます。

すると簡単に、六歩進める。で、また三歩下がる。で、六歩進む。

そうやって、だんだん、進む速度が上がっていくんです。

一見すると戻ったように見えても、以前、あんなに苦しかった坂道が、楽に上れるようになっていることに気づく。それが、進歩。

「知らないうちに、できるようになっていた」

それでいいんです。

一歩ずつ、まるで人生をお散歩するように。

まわりを見ながら、遠回りしながら、歩いていけばいいんです。

幸せになりたい、本を読んで、そのヒントをつかみたい、僕もずっとそう思ってきました。そして、本を読んで気づいたこともあるし、なかなか気づけずに次の本を読み続けたこともありました。

そして、自分の気持ちが変わってから、過去に読んだ本を見てみると、そこには全部の答えが書いてあった。「あった」のに「見えて」いなかった、「気づけて」いなかったのです。

きっとあなたも、今、「うーん」と唸《うな》ったかもしれません。でも、間違いなく、あなたの細胞は今日読んだこの内容を覚えていて、また一つ、あなたは前に進みました。

そう、かつての僕のように。

自分を変えていく、とは「新しいこと」をするということ。「初めてのこと」をするということです。初めてのことを、ぜひ始めてみてください。

今までにない選択肢を選ぶ、あきらめていたこと、怖がっていたことをする、そして、いっぱい失敗する。

そこに自分の可能性の扉を開くカギがあるんですよ。

心屋　仁之助

本書は、オリジナル作品です。

心屋《こころや》仁《じん》之《の》助《すけ》の
あなたは「このため」に生《う》まれてきた！

著者　心屋仁之助（こころや・じんのすけ）
発行者　押鐘太陽
発行所　株式会社三笠書房
〒102-0072 東京都千代田区飯田橋3-3-1
電話　03-5226-5734（営業部）　03-5226-5731（編集部）
http://www.mikasashobo.co.jp
印刷　誠宏印刷
製本　宮田製本

 ISBN978-4-8379-6681-4 C0130

王様文庫